Harlandt
Die Evolution des Geldes

Die Evolution des Geldes

von
Dr. Hans Harlandt
Berlin

I. H. Sauer-Verlag GmbH · Heidelberg

CIP-Titelaufnahme der Deutschen Bibliothek

Harlandt, Hans:
Die Evolution des Geldes / von Hans Harlandt. — Heidelberg: Sauer, 1989
ISBN 3-7938-7010-3

ISBN 3-7938-7010-3

© 1989 I. H. Sauer-Verlag GmbH · Heidelberg
Das Werk einschließlich aller seiner Teile ist urheberrechtlich geschützt. Jede Verwertung außerhalb der engen Grenzen des Urheberrechtsgesetzes ist ohne Zustimmung des Verlages unzulässig und strafbar. Das gilt insbesondere für Vervielfältigungen, Bearbeitungen, Übersetzungen, Mikroverfilmungen und die Einspeicherung und Verarbeitung in elektronischen Systemen.

Satz: Filmsatz Unger & Sommer GmbH, 6940 Weinheim
Druck und Verarbeitung: Wilhelm & Adam, Werbe- und Verlagsdruck GmbH, 6056 Heusenstamm b. Offenbach
Umschlagentwurf: Horst König, 6700 Ludwigshafen

Printed in Germany

Inhaltsverzeichnis

I. Grundsätzliches 7
II. Die Entstehung des Geldes 13
III. Vorformen und Urformen des Geldes 16
IV. Das Metallgeld 20
    Die Reiche der Antike 20
    Das frühe Mittelalter 24
    Das späte Mittelalter 26
    Das 16. Jahrhundert 29
    Das 17. Jahrhundert 33
    Das 18. Jahrhundert 35
    Die Entwicklung seit 1800 38
    Menge und Wert des Goldes 45
V. Die Entwicklung zum Papiergeld 53
    Das alte China 53
    Die historische Funktion der Bankiers 53
    Die Reiche der Antike 54
    Das Papier als Geldsubstrat 56
    Die oberitalienischen Stadtstaaten und die Lombarden 57
    Die Londoner Goldschmiede 61
    Vom Depotschein zur Banknote 64
    Die Zentralnotenbanken 68
    Verdrängung des Edelmetallgeldes durch das Papiergeld 71
    Anerkennung des Papiergeldes als gesetzliches Zahlungsmittel 74
    Gold nur noch als internationales Zahlungsmittel und als Reservemedium 75
    Demonetisierung des Goldes 80
    Degradierung des Metallgeldes zum Kleingeld 85
    Verhältnis zwischen Papiergeld und Metallgeld 86

Inhaltsverzeichnis

VI. Die Entwicklung zum immateriellen Geld 90
„Immaterielles" Geld – ein unsichtbares Gut 90
Die Anfänge des bargeldlosen Zahlungsverkehrs 90
Das Girogeschäft im späten Mittelalter und zu Beginn der Neuzeit 92
Der Giralverkehr der Bank von Genua 94
Der Giralverkehr der Bank von Venedig 94
Die Bank von Amsterdam 95
Die Hamburgische Bank 96
Das Girogeschäft vom 17. bis zur Mitte des 19. Jahrhunderts 97
Die Entwicklung des immateriellen Geldes von der Mitte des 19. Jahrhunderts bis zur Gegenwart 102
Der Scheck 112
Die Überweisung 116
Das Lastschriftverfahren 117
Die Kreditkarte 118
Mindestreserven 119
Die Buchgeldschöpfung 123
Die Funktionen der Bundesbank 126
Internationaler Zahlungsverkehr 139
Der Euromarkt 142
Die Verschuldung der „Dritten Welt" 148
Der Unterschied zwischen Geld und Kredit 150
Sind Kreditzusagen „Geld"? 157
Sind Kontoüberziehungsmöglichkeiten „Geld"? 160
Definition des immateriellen Geldes 162
Das Volumen und die ökonomische Bedeutung des immateriellen Geldes 170
Der Weltgeist – Motor der Evolution 175

VII. Ausblick 177

Literaturverzeichnis 182

Namen- und Sachregister 184

I. Grundsätzliches

Das Geld unterliegt einem bestimmten Evolutionsprozeß. Er besteht aus insgesamt drei Stufen:
  I. Metallgeld
  II. Papiergeld
  III. Immaterielles (stoffloses, unsichtbares) Geld[1].

Zuerst gab es nur Metallgeld[2]. Später ist Papiergeld hinzugetreten, dann immaterielles Geld[3]. Bei dieser Feststellung liegt der Akzent auf „hinzugetreten": Das Papiergeld hat die historisch ältere Form des Geldes, also das Metallgeld, nicht ausgemerzt, sondern bestehen lassen[4]. Das gleiche gilt für das immaterielle Geld im Verhältnis zum Papiergeld und zum Metallgeld. Wir haben also heutzutage alle drei Formen des Geldes nebeneinander und kumulativ.

Das Hinzutreten einer neuen Art zu den schon vorhandenen, ohne diese auszumerzen, ist der typische Evolutionsprozeß, wie er sich in der gesamten Natur, besonders auch in der „belebten", also in der Entwicklung der Arten der Lebewesen, über die Jahrmilliarden hin manifestiert (vgl. hierzu die Darwin'sche Evolutionslehre)[5]. Daß es sich bei der Evolution des Geldwesens um vergleichsweise sehr kurze Zeiträume gehandelt hat,

---

1 Auch „Buchgeld" genannt.
2 Über Vorformen und Urformen des Geldes s. Abschnitt III.
3 Beim immateriellen Geld handelt es sich, wie an passender Stelle noch zu zeigen sein wird, um – „täglich fällige" – Forderungen gegen Banken (und andere Geldinstitute) auf Bargeld (Papiergeld und Metallgeld).
4 Das Papiergeld hat das Metallgeld allerdings in eine untergeordnete Bedeutung hinabgedrückt (darüber im einzelnen später).
5 Zwar sind manche Arten, z. B. die Saurier, ausgestorben. Das sind jedoch im Rahmen der Evolution mehr oder weniger Ausnahmeerscheinungen, die das Prinzip der Evolution (also das Hinzutreten immer neue Arten zu den schon vorhandenen) bestehen lassen.

I. Grundsätzliches

ändert also nichts daran, daß auch hier das Prinzip der Evolution sich realisiert. Das Geld, wiewohl es ein Geschöpf der Menschen ist, ordnet sich also in den allgemeinen Evolutionsprozeß ein. Wie überall in der Evolution, hat es auch beim Gelde retardierende Momente und zeitweise rückläufige Entwicklungen gegeben, ohne daß damit das erkennbare Ziel der Evolution des Geldes auf die Dauer vereitelt oder auch nur nachhaltig beeinträchtigt worden ist; das gilt nicht nur für die Vergangenheit, sondern es ist auch für die Zukunft zu erwarten.

Die Evolution, also der – langfristige – historische Progreß, beim Gelde, bei welchem der Weg vom Metall zum Papier und weiter zu einem unsichtbaren Gut führt, ist – wie ohne weiteres erkennbar – ein Prozeß der Entstofflichung (Dematerialisation). Er geht von der Materie aus, also vom Wahrnehmbaren und auch Anfaßbaren, und endet im Unsichtbaren, also rein Geistigen, im Abstrakten, in bloßen gedanklichen Kategorien. Ein solcher Prozeß entspricht schlechthin dem geistigen Fortschritt der Menschheit. Er findet sich mehr oder weniger bei allen Dingen und Begriffen, mit denen der menschliche Geist konfrontiert ist oder die er sogar selbst hervorgebracht hat; die Evolutionskette beim Gelde mit ihren drei Stufen ist also etwas sehr Natürliches, im ganzen gesehen geradezu Selbstverständliches.

> Jeder Begriff hatte anfänglich, d.h. im Primitivstadium der Menschheit, einen plastischen, leicht faßbaren Inhalt, ist aber später mehr und mehr vergeistigt worden, wenn auch in Ausmaß und Intensität unterschiedlich bei den einzelnen Völkern je nach deren Fortschritten in Bildung, Zivilisation und Entwicklung der Sprache. Um nur einige Bereiche herauszugreifen: Der Abstraktionsprozeß findet sich deutlich bei den religiösen Vorstellungen der Menschen, ebenso bei der Entwicklung des Rechts. Hierzu ein Beispiel aus dem Römischen Recht, also dem Recht, das den meisten abendländischen Rechtsordnungen weitgehend Vorbild war und als Grundlage gedient hat: Der Begriff „Besitz" (possessio) war im Römerreich am Anfang der Rechtsentwicklung auf das Naheliegende, unmittelbar Wahrnehmbare, mit-den-Hän-

I. Grundsätzliches

den-zu-Greifende und mit-den-Füßen-zu-Betretende beschränkt; er entsprach damit also ungefähr dem, was man heute im deutschen Strafrecht unter „Gewahrsam" versteht (und was man im reiferen Römischen Recht „detentio" genannt hat). Doch dann findet sich plötzlich eine Stelle in den Pandekten (Digesten), wo dem Inhaber des Schlüssels (clavis) zu einer (abgeschlossenen) Scheune (horrea) Besitz (possessio) an dem in der Scheune liegenden Heu zugesprochen wird, ohne daß darauf abgestellt wird, wie nah oder fern der Schlüsselinhaber physisch der Scheune ist. Der Begriff des Besitzes ist damit zum ersten Mal etwas vergeistigt worden. Die Vergeistigung ist später erheblich weiter vorangetrieben worden, nämlich bis zum mittelbaren Besitz und zum Erbenbesitz.

Dieses Beispiel ist natürlich hauptsächlich interessant für die Juristen unter uns. Daher noch ein weiteres Beispiel, das nicht speziell die Juristen anspricht: Zum Schachspielen brauchte man anfänglich ein Brett oder eine ähnliche Unterlage und Schachfiguren. Ohne diese materiellen Dinge konnte man nicht Schachspielen. Doch dann lernte man es später, sich von diesen Materialien zu lösen, nämlich – zur Not – ohne Brett und Figuren Schach zu spielen (Blindspielen). Man konnte nunmehr eine Schachpartie lediglich durch Ansagen der Züge spielen, also z. B. „e 4", darauf der Gegner „e 5" usw. Schachbrett und Figuren existieren dabei nur noch in der Vorstellung der Spieler, also im rein Geistigen. Die materiellen Substrate sind dabei – um sich der Terminologie der modernen Technik zu bedienen – in den Gehirnen gespeichert, ähnlich wie bei einem Schachcomputer. Die einschlägigen materiellen Dinge waren aber die Voraussetzung dafür, daß es zu einer solchen Vergeistigung kommen konnte. – Daß man es auch heute noch vorzieht, mit Brett und Figuren zu spielen, ist aus mehreren Gründen sehr verständlich.

Zu Beginn des Buches ist behauptet worden, der Evolutionsprozeß beim Geld bestehe aus insgesamt drei Stufen. Auf den ersten Blick könnte man dem entgegenhalten, wie man denn eigentlich dazu kommt, den Prozeß auf drei Stufen zu begrenzen; könnte nicht in Zukunft eine Stufe IV und dann womöglich sogar eine Stufe V usw. hinzutreten? Nun – die Antwort ist Nein. Denn eine Stufe, die über die immaterielle (also unsichtbare) Form

I. Grundsätzliches

noch hinausgeht, ist schlechthin undenkbar. Mit dem nur noch Gedachten, also rein Geistigen, hat eine Entwicklung notwendig ihr Endstadium erreicht; eine darüber hinausgehende, geistig noch höherwertigere Stufe ist unvorstellbar. Dem steht nicht entgegen, daß die Evolution ein unendlicher Prozeß ist[6]. Auch beim Gelde wird es selbstverständlich weitergehen mit der Entwicklung[6a]. Dabei wird es sich hauptsächlich um eine Vervollkommnung der Stufe III (immaterielles Geld) handeln.

Um immaterielles Geld gebrauchen, also damit kaufen und auch anderweitig zahlen zu können, brauchte man papierene Hilfsmittel (Schecks, Überweisungsformulare usw.); man mußte also zu der Materie greifen, die doch bereits als Geldsubstrat diente. Deshalb stellt sich die Frage, warum es überhaupt zum immateriellen Geld kam, obwohl doch Papiergeld (als valutarisches Zahlungsmittel) bereits vorhanden und in Gebrauch war. Nun, es war für die Praxis vorteilhaft, immaterielles Geld zu verwenden, besonders wenn es um den Transfer relativ hoher Beträge ging (Diebstahlssicherheit und andere Vorteile – im einzelnen hierüber später).

Heutzutage gibt es Plastikkarten (Kreditkarten usw.), und neuerdings kann man u. U. per Bildschirm seine Bank anweisen, jemandem Geld zukommen zu lassen. Plastikkarten, Chip-Karten usw. sind selber kein Geld, sondern nur materielle Hilfsmittel, mit denen man über immaterielles Geld (= Forderungen gegen eine Bank oder ein anderes Geldinstitut auf Bargeld) verfügen kann; es ist daher unrichtig, zumindest mißverständlich, von „Plastikgeld" zu sprechen. Das gleiche gilt für Ausdrücke

---

[6] Allerdings ist er an das kosmische Schicksal des jeweiligen Gestirns gebunden, endet also dort spätestens mit dessen kosmischem Untergang – der für unsere Sonne und damit auch für deren Planeten erst in einigen Milliarden Jahren zu erwarten ist.

[6a] In den 30er Jahren hat *J. W. Stalin* als ein kommunistisches Fernziel die Abschaffung des Geldes proklamiert. Die Geschichte hat ihm nicht recht gegeben und wird ihm nicht recht geben. Eine Abschaffung des Geldes wäre kein Fortschritt, sondern im Gegenteil ein Rückfall in das Frühstadium der Menschheit.

I. Grundsätzliches

wie „Chip-Karten-Geld" und „Computergeld". In Zukunft werden noch andere (mechanische und technische) Hilfsmittel in Gebrauch kommen, mit denen das Zahlen mit immateriellem Geld noch weiter erleichtert werden wird. Die Entwicklung ist in vollem Gange und schreitet unablässig voran.

Zur Zeit haben wir die Evolutionsstufe II des Geldes (= Papiergeld) bereits voll erklommen. Das Papiergeld hat das Metallgeld quantitativ in eine untergeordnete Bedeutung hinabgedrückt. In der Bundesrepublik Deutschland betrug das Wertverhältnis zwischen dem gesamten Papiergeld (Banknoten) und dem gesamten Metallgeld Ende Februar 1989 ungefähr 13:1; der Trend geht dahin, daß sich dieses Verhältnis – wenn auch ziemlich langsam und mit zeitweise rückläufigen Entwicklungen – weiter zugunsten des Papiergeldes verschiebt (in anderen Staaten sieht es ähnlich aus). Das Papiergeld hat in gewissem Sinne auch „qualitativ" nicht nur mit dem Metallgeld gleichgezogen, sondern dieses sogar überflügelt: Es ist gesetzliches Zahlungsmittel. Dies ist zwar auch das Metallgeld. Doch ist das Papiergeld, also die von der Deutschen Bundesbank ausgegebenen Banknoten, durch das Gesetz über die Deutsche Bundesbank vom 26. Juli 1957 zum einzigen unbeschränkten gesetzlichen Zahlungsmittel erklärt worden.

Die Stufe III (immaterielles Geld) ist dagegen in der BR Deutschland (und in anderen „kapitalistischen" Industriestaaten) noch nicht voll erklommen. Zwar hat das immaterielle Geld in seinem Gesamtwert das Papiergeld überflügelt (wenn auch, soweit es als Kaufkraft dient, nicht in dem Maße, in dem das Papiergeld das Metallgeld überflügelt hat). Das immaterielle Geld ist aber noch kein gesetzliches Zahlungsmittel. Es ist, da es eine („täglich fällige") Forderung auf Bargeld ist, noch mit dem Bargeld verbunden und diesem insofern funktionell untergeordnet.

Doch geht die Entwicklung sicherlich dahin, daß eines Tages auch das immaterielle Geld gegenüber dem Bargeld verselb-

I. Grundsätzliches

ständigt wird (wie seinerzeit das Papiergeld gegenüber dem Metallgeld) und zum gesetzlichen Zahlungsmittel erhoben wird. Dies setzt weitere Institutionalisierungen im Bankwesen (auch juristischer Art) und Vervollkommnung der einschlägigen Techniken voraus. Erst mit der Erhebung zum gesetzlichen Zahlungsmittel wird die immaterielle Form des Geldes mit den beiden historisch älteren Formen (also Metallgeld und Papiergeld) gleichgezogen haben, und man wird mit Fug und Recht behaupten können, die Stufe III der Evolution des Geldes sei damit „erklommen". Selbstverständlich wird auch danach die Entwicklung weitergehen, da ja die Evolution ein unendlicher Prozeß ist.

Wir wollen die treibende und gestaltende Kraft der Geschichte schlagwortartig den „Weltgeist"[7] nennen.

---

7 Dieses Wort hat vor allem *G. W. F. Hegel* in seinem philosophischen System verwendet; es findet sich aber auch — und zwar jeweils in einem anderen Sinne — bei *J. G. Herder, Goethe, G. Th. Fechner* und nicht zuletzt bei *Schopenhauer.* Daß ich dieses Wort übernehme, bedeutet nicht, daß ich mich mit der *Hegel'*schen Philosophie identifiziere. Ich verwende den Begriff „Weltgeist" hauptsächlich deswegen, weil er das Gemeinte verbal vereinfacht und weil er sich wohl auch letztlich mit allen religiösen und weltanschaulichen Vorstellungen vereinbaren läßt.

II. Die Entstehung des Geldes

Bei der Unterscheidung zwischen drei Stufen (I, II, III) hinsichtlich der Evolution des Geldes, zu denen sich noch „Vorformen" und „Urformen" des Geldes gesellen, kommt man natürlich an der Frage nicht vorbei, wie der Begriff „Geld" zu definieren ist – noch einfacher gesagt, was eigentlich „Geld" ist. Es gibt viele Definitionen von „Geld" – kurze und lange, einfache und komplizierte. Im Grunde ist die Sache aber ziemlich einfach. Man muß auf die Entstehung des Geldes zurückgreifen und sich diese – im Einklang mit den historischen Realitäten – folgendermaßen vorstellen:

Am Anfang war der Tausch. Ware wurde gegen Ware getauscht (das Karl-Marx'sche Symbol dafür ist W – W)[8]. Der Tauschhandel wurde mit der Zeit immer umständlicher und schließlich zu umständlich. Es entstand das Bedürfnis nach einem Zwischengut, das den Warentausch vermittelte (einem Tauschmedium also). Dieses Bedürfnis kann dem Denkmodell nach bereits dann entstehen, wenn 3 Wirtschaftssubjekte da sind, von denen jedes eine Ware anzubieten hat, welche die beiden anderen nicht haben: A stellt ein Produkt her, das zwar der B, nicht aber der C gebrauchen kann. B kann aber nicht das Produkt des A gebrauchen, sondern das Produkt des C. Und A kann nur das Produkt des C gebrauchen; es sei angenommen, jeder braucht die Ware des anderen zu einem verschiedenen Zeitpunkt. Je mehr Wirtschaftssubjekte mit verschiedenartigen Waren miteinander Handel treiben, also mit fortschreitender Produktions- und Arbeitsteilung, desto stärker wird naturge-

---

[8] Der Unterschied zwischen Tauschwirtschaft und Geldwirtschaft (also zwischen Tausch und Kauf) wird durch W-W und W-G-W denkbar einfach und dabei voll zutreffend symbolisiert. Man braucht also kein Marxist zu sein, um sich diese Nomenklatur zu eigen zu machen.

II. Die Entstehung des Geldes

mäß das Bedürfnis nach einem den Warentausch vermittelnden und so den Handel vereinfachenden Zwischengut. So kam es zum Gelde, also zum Kauf anstelle des Tausches (das Marx'sche Symbol dafür ist W – G – W[9]). Man gab also seine Ware zunächst gegen Geld hin, um mit dem Geld eine andere Ware (von einem Dritten) zu erwerben. Das Zwischengut, also das Geld, mußte, um seine Funktion erfüllen zu können, etwas sein, das mehr oder weniger jeder gern nahm, das mithin allgemeine Beliebtheit und Begehrtheit genoß.

Man verkaufte also seine Ware grundsätzlich nur zu dem Zweck, sich dann mit dem Erlös eine andere Ware zu beschaffen. Dabei ist es bis heute geblieben. Ja, es gilt heute mehr denn je, weil Geld nur noch den Wert als Kaufkraft hat, also praktisch so gut wie keinen materiellen Eigenwert mehr. Das Geld in seiner modernen Form ist der Gesamtheit der Waren, die es kaufen kann, „gegenübergetreten" (man kann sich dies in Form einer Bilanz mit ihren zwei Seiten vorstellen).

Der Wert des Geldes wird also immer erst dann realisiert, wenn damit gekauft wird (oder Arbeit und andere Dienstleistungen entlohnt werden, was dann wieder regelmäßig zum Kauf von Waren und anderen Gütern führt). Man mag sein Geld sparen und damit Zinsen erwirtschaften; man mag es schließlich vererben, und der Erbe mag es bei seinem Tode weitervererben. Solange aber das Geld nicht ausgegeben wird, also damit Waren (oder Dienstleistungen) erworben werden, wird es seinem eigentlichen und realen Wert nicht zugeführt. Bis zum Ausgeben ist Geld für den Besitzer letztlich nur von ideellem Wert.

> An seinem Geldbesitz kann und soll man sich erfreuen. Früher holte man aus seiner großen Truhe die Dukaten oder Gulden und die Silberlinge von Zeit zu Zeit hervor, um sie zu betrachten und manchmal blankzuputzen.
>
> Auch sei erinnert an das Sprichwort „Geld macht nicht glücklich, aber es beruhigt".

---

9 S. hierzu Fußnote 8.

II. Die Entstehung des Geldes

In den 30er und 40er Jahren lief in deutschen Kinos ein Film „Liebe, Tod und Teufel". Der Stoff war der englischen Legende „The bottle imp" entnommen. Darin ging es darum, daß man eine Flasche erwerben konnte, die vom Satan stammte. Ihr Besitz garantierte das Ausschöpfen der Freuden und Vergnügungen des Lebens, je nach individuellen Wünschen. Die Sache hatte aber einen Haken: Man mußte die Flasche schließlich — noch zu seinen Lebzeiten — einem anderen verkaufen, und zwar zu einem niedrigeren Preis als dem, den man selber beim Erwerb der Flasche gezahlt hatte. Wem ein solcher Verkauf nicht mehr gelang, dessen Seele verfiel der Hölle. — Diese Legende ist also in gewissem Sinne eine Allegorie auf das Wesen des Geldes: Geld muß man immer einem anderen weitergeben, um mit ihm wahrhaft Vorteil zu erlangen. Man mag sich fragen, wer denn eigentlich der letzte in dieser Kette ist, und den letzten beißen bekanntlich die Hunde.

In der Evolution des Geldes, und zwar schon im Papiergeld, liegt tatsächlich etwas Mystisches — jedenfalls für den Laien, der die Zusammenhänge nicht ohne weiteres durchschaut. Auch *Goethe* hat im Faust, II. Teil, diese Mystik aufgegriffen; was er dort zur Geldschöpfung geschrieben hat, ist noch heute lesenswert.

III. Vorformen und Urformen des Geldes

Als erste Stufe der Evolution des Geldes (Stufe I) ist das Metallgeld anzusehen (s. am Anfang dieses Buches). Es gab aber vor der Metallgeldära schon Geld in anderen Formen. Diese Formen wird man rückschauend indessen als bloße „Vorformen" – vielleicht auch als „Urformen" – des Geldes ansehen müssen, also als eine historische Vorstufe zum eigentlichen „Geld". Es handelt sich um eine große Vielfalt der Formen. Bei den einzelnen Völkern und Stämmen fungierte grundsätzlich das als Geld, was seiner Art nach, der jeweiligen Region und Landesnatur angepaßt, den in der betreffenden Gegend ansässigen oder dort nomadisierenden Menschen mehr oder weniger zu allgemeinem praktischen Nutzen dienen konnte. Erst das Metallgeld hat diese sporadische und regional bestimmte Vielfalt, also die Uneinheitlichkeit der Formen, überwunden und schließlich weltweiten Siegeszug angetreten; gerade auch dies rechtfertigt es, das Metallgeld als die erste Evolutionsstufe des Geldes zu begreifen (die Entwicklung des Metallgeldes wird im einzelnen im Abschnitt IV dargestellt).

Schon bei den Naturvölkern gab es Sachen, die mehr oder weniger jeder gern erwarb und mit denen also jeder wieder von einem anderen Dinge erwerben konnte oder – sie im Eigenbesitz behaltend – sich daran erfreuen konnte. Diese Sachen waren meist das wertvollste Gut des Volksstammes, sozusagen dessen Zentralwert. Auch religiöse, sakrale und kultische Vorstellungen und Gebräuche – den Sachen wurde ein mystischer Wert verliehen – haben dabei eine wichtige Rolle gespielt. Das Gut wurde auch als Opfergabe für die Gottheit verwendet, um deren Gunst mit der wertvollen Gabe gleichsam einzutauschen.

III. Vorformen und Urformen des Geldes

Als Tauschgüter wurden allgemein begehrte Produkte und Waren verwendet, die so in die Vorzugsstellung kamen, als Geld anerkannt zu werden, z.B. Töpfe, Steinbeile, Fische, Sago. Nach dem Material und dem ursprünglichen Zweck des Tauschguts lassen sich einige Hauptkategorien unterscheiden: Schmuckgeld (Amerika, Melanesien und Südsee, Afrika, Süd- und Südostasien); Kaurimuscheln[10] (Süd- und Südostasien ostwärts bis Melanesien, später in Ostafrika bis in den Sudan hinein und dann auch in Westafrika); Ring- und Zahngeld (Neuguinea, Melanesien); Steingeld; Federgeld. Vom Schmuckgeld kam es dann zum Nutzgeld. Eine Übergangsform in dieser Entwicklung ist im Kleidergeld zu sehen (Pelze in Sibirien, im alten Rußland und in Nordamerika; Baumwollstoffe im Sudan und in Westafrika; Rindenstoff in der Südsee). Als Nutzgeld verwendete man hauptsächlich Nahrungs- und Genußmittel (Mexiko, Zentralasien, Äthiopien, Island). In Indonesien und auf Borneo gab es eine Art Schatzgeld.

Eine besondere Rolle bei den Ur- und Vorformen des Geldes hat das Vieh, vor allem das Rind, gespielt. Bei den Hirtenvölkern waren vielfach die Rinder das Geld. Diese Tiere erfüllten einige wichtige Erfordernisse des Geldes, nämlich Aufbewahrungsmöglichkeit, Transportfähigkeit und auch Teilbarkeit. Aufbewahrt wurde das Vieh auf der Weide. Auch der Transport war problemlos. Die unterschiedliche Größe der Tiere ersetzte, wenn auch nur grob und primitiv, das Erfordernis der Teilbarkeit von Geld. Auch im antiken Griechenland waren lange Zeit Rinder „Geld". So findet man bei Homer den Wert von Sachen oft durch die Anzahl von Rindern ausgedrückt (hier also Geld in seiner Funktion als Wertmaßstab). Rinder waren einer der wertvollsten Vermögensbestandteile bei den alten Griechen. Sie waren besonders auch die übliche Opfergabe der Griechen an die Götter (man verbrannte das Rind, so daß der liebliche

---

10 Eigentlich sollen es keine Muscheln, sondern Schnecken oder schneckenartige Gebilde gewesen sein.

III. Vorformen und Urformen des Geldes

Bratenduft in den Himmel und damit den Göttern in die Nase stieg). Auch bei den alten Römern war Vieh ursprünglich das Geld und somit auch der allgemeine Wertmaßstab; das lateinische Wort für Geld, also „pecunia", kommt von „pecus" = Vieh.

Das Warengeld wurde nicht nur zu Tauschzwecken verwendet, sondern auch für einseitige Zahlungen, z. B. Geschenke, Steuern und andere Abgaben, Strafen; ferner zur Hortung und Thesaurierung, besonders seitens reicher Kaufleute und seitens Herrscher, die mit dem gehorteten Gut ihren Wohlstand sichern wollten und dieses auch nach außen hin kundtaten. Vom Nutzgeld verlief die Entwicklung dann weiter zum Metallgeld. Als Übergangsformen anzusehen sind eiserne Geräte, die besonders in Afrika als Geld fungierten. Im Gebiet des oberen Niger wurden Edelmetalle als Geld verwendet, nämlich Ringe aus Gold und aus Silber. Diese Art von Geld ist also ein unmittelbarer Vorläufer der Ära des Metallgeldes und damit der ersten großen Entwicklungsepoche des Geldes, die durch den Siegeszug von Gold und Silber beim „Geld" gekennzeichnet ist.

Historisch, d. h. rückschauend, sind alle diese Arten als Vorformen des Geldes zu begreifen. Denn die erste der drei zu unterscheidenden Evolutionsstufen ist das Metallgeld mit seinen Hauptsubstraten Gold und Silber und mit der Prägung von Geldmünzen durch den Staat, also der Staatlichkeit des Geldwesens.

Nach der Beschreibung der Vor- und Urformen des Geldes verdient der Begriff „Nebenformen" des Geldes eine Erläuterung: Von „Nebenformen" kann man nur sprechen hinsichtlich Randerscheinungen, Abarten und historischer Rückschläge meist in das Warengeld, nachdem die Metallgeldära begonnen hatte. Solche Nebenformen entstanden meistens bei einem Wertverfall des Währungsgeldes durch eine große Inflation oder eine ähnliche Wirtschaftskatastrophe. Wenn das Währungsgeld seinen Wert verliert und deshalb die Funktionen des

III. Vorformen und Urformen des Geldes

Geldes in der Wirtschaft nicht mehr erfüllen kann, greift man erfahrungsgemäß meist auf bestimmte Waren zurück, die allgemein begehrt sind, und verwendet sie als Geld anstelle des Währungsgeldes. Es handelt sich um vorübergehende Rückschläge in Naturaliengelder. Ein Beispiel hierfür ist die Zigarettenwährung in Deutschland nach dem Ende des Zweiten Weltkrieges. Es hat auch Nebenformen des Geldes gegeben, die nicht in Warengeld bestanden, gleichwohl außerhalb des Währungsgeldes entstanden und diesem Konkurrenz machten, z. B. der Gebrauch der Währung vorzugsweise eines ausländischen Staates. Bisweilen kam es zu Geldsurrogaten wie zur Verwendung von Briefmarken als Geld.

IV. Das Metallgeld

Die Reiche der Antike

Mit der Zeit wurden die primitiven Geldformen mehr und mehr von Metallen abgelöst. Das Metallgeld verdrängte allmählich die anderen Formen. Der Hauptgrund dafür war, daß das Metall sich für die Zwecke des Geldes schließlich weitaus besser eignete als die vorausgegangenen Geldsubstrate. Diesen gegenüber hat das Metall große Vorzüge, vor allem hinsichtlich Haltbarkeit, Beständigkeit und Gleichartigkeit des Substrats. Hinzu kommen ideelle Momente wie der sonnenhafte Glanz des Goldes und auch der Glanz des Silbers. Von diesem Glanz wurden die Menschen gleichsam magisch angezogen, und es drängte sie zu den Metallen, vor allem zu den Edelmetallen hin.

Beim Metallgeld entstand frühzeitig ein enger Zusammenhang mit der Münze und dem Münzwesen. „Münze" ist ein Lehnwort, das vom lateinischen „moneta" herrührt. Metallgeld ist für uns mit der Vorstellung der Münze verbunden. Zumeist handelt es sich um runde Scheiben, die man sich durch das Zerschneiden einer Metallstange gewonnen vorstellen kann (dieses Bild paßt allerdings nur sehr bedingt auf die tatsächlichen Fabrikationsmethoden); seltener, doch noch heute hier und da gebräuchlich, waren eckige und kantige Formen. Die Geschichte der Münze begann schon im Altertum. Die Geldmünzen entsprangen einem praktischen Bedürfnis: Ohne Münzen müßten bei jedem einzelnen Kauf die entsprechenden Mengen Silber bzw. Gold abgewogen werden („Wägegeld"). Dies ist umständlich und auch nicht sehr verläßlich. Noch heute erinnern Bezeichnungen wie „Pfund" (englisch „pound") und „Lira" daran, daß beim Metallgeld zunächst einmal das reine Gewicht eine Rolle gespielt hat.

Mit der Münze und dem Münzwesen entstand beim Metallgeld auch frühzeitig ein enger Zusammenhang mit dem Staat (dem

Die Reiche der Antike

Herrscher, der Obrigkeit)[11]. Allerdings sind in manchen Ländern, z. B. in China und in Indien, aber auch in Europa, z. B. in Griechenland, wahrscheinlich private Münzen (u. a. mit dem Stempel von Geldhändlern – wie den griechischen Trapeziten – versehen) den staatlichen Münzen vorangegangen. Im Laufe der Entwicklung bemächtigte sich aber überall das Staatswesen der Münzprägung und erlangte sogar ein Monopol auf diesem Gebiet.

Schon etwa 1700 vor Chr. soll in Babylon unter König Hammurappi Silber als Münzmetall in Gebrauch gewesen sein.

Abraham soll, als er nach Kanaan[12] kam, dort Silber als Münze und Tauschmittel vorgefunden haben. Man nimmt an, daß er ungefähr 1200 vor Chr. gelebt hat (manche meinen allerdings, er habe schon zwischen 1900 und 1700 vor Chr. gelebt). Gestempelte Metallscheiben als Geld hat es schon in Troja, auf Kreta und in Mykene (etwa 1500–1000 vor Chr.) gegeben.

Später kam es im Lyder- und Perserreich zur Prägung von Münzen. Gyges von Lydien (um 670 vor Chr.) soll die erste Goldmünze (73% Gold, Rest Silber) geprägt haben. Solches Blaßgold nannten die Griechen „Elektron" (dieser Name soll übrigens auch für das Bernstein verwendet worden sein).

---

11 *Georg Friedrich („Fritz") Knapp* hat 1905 (4. Auflage 1923) ein berühmtes Buch geschrieben: „Staatliche Theorie des Geldes". Zwar ist dieses Werk umstritten, nämlich deswegen, weil der Staat sich letztlich als unfähig erwiesen hat, den Geldwert dauerhaft zu garantieren; fiskalische Belange waren sogar meist der Grund dafür, daß das Geld seinen Wert verlor. Vor allem zur Kriegführung brauchten die Herrscher viel Geld; durch die den Kriegen, jedenfalls den verlorenen Kriegen, regelmäßig folgenden großen Inflationen wurde der Geldwert vernichtet. Dies ändert aber nichts am Wert und an der Bedeutung des Knapp'schen Werkes, mit dem für die Geldtheorie erstmals und in voller Klarheit die Staatlichkeit des Geldwesens herausgestellt und in den Vordergrund der Betrachtung gerückt worden ist. Heute gibt es den Fritz-Knapp-Verlag in Frankfurt/Main; bei ihm sind viele Fachbücher (besonders auch Taschenbücher) über Geld, Bank und Börse erschienen.

12 Dies war das Heimatland der Phönizier, ein schmaler Landstrich an der Küste des heutigen Syriens und des Libanon.

IV. Das Metallgeld

In Griechenland begann man mit der Prägung von Münzen im 7. Jhrh. vor Chr.; Münzen tauchen erstmals in den griechischen Koloniestädten an der Westküste Kleinasiens auf. Gold haben die Griechen von den Phöniziern gewonnen, einem an der Ostküste des Mittelmeeres beheimateten Volk, das mit seinen Schiffen das Mittelmeer durchkreuzt und vielerorts Handelskolonien gegründet hat[13]. Pheidon, König von Argos, ließ Silbermünzen mit bestimmtem Feingehalt und Gewicht prägen. Dies ist der erste bekannte Fall, in dem ein bestimmter Herrscher das Münzprägerecht für sich in Anspruch genommen hat (dieses Recht hat man später „Münzregal" genannt). Allerdings hatte schon der ägyptische Staatengründer Menes (Erste Dynastie) 3100 vor Chr. Rohgoldbarren von 14 g als Wertmesser mit seinem Namen zeichnen lassen; das Wertverhältnis des Goldes zum Silber war gesetzlich festgelegt.

Silber war im Altertum das vorherrschende Geldsubstrat. Allerdings haben schon die Perserkönige, ebenso Alexander der Große und die hellenistischen Könige Münzen in Gold, also Goldmünzen geprägt. Als Substrat für Kleingeld nahm man hauptsächlich Kupfer. Unter dem Einfluß der griechischen Städte in Süditalien kam es in Rom erstmals 269 vor Chr. zu Prägungen in Kupfer und Silber, die erst allmählich in ein festes Wertverhältnis zueinander gebracht wurden. Goldmünzen traten vereinzelt schon zur Zeit der Punischen Kriege − erstmals 207 vor Chr. − auf. Doch war Gold in der republikanischen Zeit des Römischen Reiches fast nur in Barrenform vorhanden − als Repräsentation des Reichtums. Ungefähr 187 vor Chr. wurde der Denar zur Grundlage der römischen Silberwährung. Das Silber haben die Römer hauptsächlich in Spanien gefördert (mit Hilfe Zehntausender von Sklaven), später auch in den Karpaten und in der Eifel.

---

13 Nämlich besonders auf Zypern, Sizilien und Malta, in Südspanien sowie im heutigen Tunesien (Karthago) und anderen Küstengegenden Nordafrikas.

Die Reiche der Antike

Goldmünzen traten erst seit Cäsar, also mit dem Beginn der Kaiserzeit, im Römischen Imperium in stärkerer Verbreitung auf. Aus Silber wurde Kleingeld geprägt. Die Germanen haben allerdings, wie Tacitus berichtet, von den Römern lieber Silbermünzen als Goldmünzen genommen. Nach Tacitus sollen die mitteleuropäischen Germanen um 100 nach Chr. bei Wiesbaden und im Emser Land Silberbergbau betrieben haben. Die germanischen Stämme, auch in Nordeuropa, bevorzugten überhaupt das Silber.

Im Römischen Reich schwankte zunächst das Wertverhältnis zwischen Silber und Gold. Erst im spätrömischen Reich wurde ein festes monetäres Wertverhältnis hergestellt mit der Folge, daß – je nach den Schwankungen im Wert – manchmal das Silber, manchmal das Gold aus dem Zahlungsverkehr schwand. Das schlechte Geld verdrängt das gute; für den Schuldner war es vorteilhaft, seine Schuld in „schlechtem" Geld zu tilgen und das wertvollere Geld zu behalten, ggf. einzuschmelzen[14]. Unterwertige, durch Legierung (etwa von Silber und Gold) hergestellte Münzen, also Münzen, bei denen der Nominalwert höher ist als der Metallwert, waren schon in Zeiten der Antike im Umlauf und dann auch besonders in der römischen Kaiserzeit. In der späteren Kaiserzeit verschlechterte sich das Münzwesen so sehr, daß man vom Zählgeld wieder zum Wägegeld überging.

Unter Diokletian und dann vor allem unter Konstantin dem Großen kam es wieder zu geordneten Währungsverhältnissen. Konstantin führte wieder vollwertiges Geld ein. Dabei galt Gold als Währungsmetall, während die Scheidemünzen aus Silber waren. Unter Konstantin war die Währungseinheit eine Münze aus massiven Gold mit einem hohen Feingehalt: der „aureus solidus nummus", kurz „Solidus" genannt. Er war so-

---

14 Man hat diese Verdrängung des guten Geldes durch das schlechte später das „*Gresham*'sche Gesetz" genannt. *Gresham* lebte von 1519 bis 1579, zuerst in London, später in Antwerpen. Der Ausdruck „*Gresham*'sches Gesetz" soll zuerst 1857 von *H. D. MacLeod* gebraucht worden sein.

IV. Das Metallgeld

zusagen die Reichshauptwährung. Er enthielt 4,48 g Feingold. Es gab auch Münzen im halben Wert eines Goldsolidus und im Drittelwert. Der Goldsolidus war jahrhundertelang im weströmischen Reich und auch im oströmischen Reich der Kern des Geldwesens. Neben dem Solidus gab es Silbermünzen und Kupfermünzen. Deren Wertverhältnis zum Solidus wurde gesetzlich festgelegt.

Das frühe Mittelalter

Die Germanenreiche, die dann auf dem Territorium des Römischen Imperiums und teilweise in deutschen Landen entstanden, prägten ebenfalls den goldenen Solidus. Doch bevorzugten die germanischen Könige bald die Prägung von Münzen im Drittelwert eines Solidus. Auch fügten sie immer mehr Legierungen hinzu. Der Goldgehalt der Münzen wurde mit der Zeit allmählich immer geringer. Der Drittel-Solidus hatte unter Kaiser Konstantin 1,51 g Gold enthalten; unter Karl dem Großen enthielt er nur noch 0,39 g Gold. Die Goldgewinnung nahm ab. Karl der Große stellte daraufhin das Prägen von Goldmünzen gänzlich ein. Er führte ein Währungssystem mit dem Silber als Währungsmetall ein: ein Pfund Silber, eingeteilt in 20 Schillinge und 240 Pfennige (Karolingische Münzreform). Diese Rechnung bürgerte sich sehr bald in ganz Westeuropa ein.

Silber war das monetäre Substrat im ganzen Mittelalter und noch weit in die Neuzeit hinein. Goldmünzen wurden nur in sehr geringem Maße geprägt. Der Vorrat in Europa an verarbeitetem und gemünztem Gold betrug wahrscheinlich selbst am Ende des Mittelalters weniger als 1000 t (zum Vergleich: 1966, also in einem einzigen Jahr der jüngeren Zeit, hat allein Südafrika 960,1 t Gold gefördert). Auch für Schmuckstücke bevorzugte man das Silber. Während des Mittelalters war das Wertverhältnis zwischen Gold und Silber in Mitteleuropa keinen größeren Schwankungen unterworfen.

Das frühe Mittelalter

Die germanischen Könige hatten nicht genügend Autorität, ein Kupfergeld in Umlauf zu bringen. Man benötigte ohnehin kaum Kleingeld. Arbeit wurde meist als Frondienst geleistet. Für die Geldgeschäfte reichte das Silber aus. Der Silberdinar wurde die Währungseinheit. Im Prinzip entsprach sein Wert dem Wert eines Zwölftels des Goldsolidus; dessen Wert war wieder einem Zwanzigstel eines Pfundes Silber gleich. Daraus ergab sich die Relation: 1 Pfund Silber = 20 Solidi; 1 Solidus = 12 Dinare. Mit der Zeit verschlechterte sich auch beim Silbergeld der Stoffwert. Um das Jahr 1200 enthielt dieses Geld an Silber nur noch 27% dessen, was es um 800 enthalten hatte. Von Ausnahmen abgesehen, prägte man in Westeuropa und Mitteleuropa vom 8. bis 13. Jhrh. keine Goldmünzen.

Anders sah es im Orient aus: Schon im römischen Imperium war viel Gold nach Osten (bis nach Indien und sogar China) abgeflossen, und zwar durch den Kauf wertvoller Güter wie z. B. Seide und Gewürze. Die orientalischen Städte horteten aber meist das Gold und brachten Silber als Geld in Umlauf. Eine Ausnahme machte Byzanz: Solange es Kleinasien und Ägypten beherrschte, konnte es, dank den Minen von Nubien (Oberägypten), den Goldsolidus in seinem alten Wert von 72 Solidi auf ein Pfund Gold beibehalten.

640 begannen die moslemischen Eroberungszüge. Der Kalif Abd-el-Malik ließ im Jahre 694 Goldmünzen nach dem Vorbild des Solidus fertigen, aber mit arabischen Inschriften aus dem Koran. Dieser Gold-Dinar hatte als Untereinheit den silbernen Dirhem. Er machte dem Besant, wie der byzantische Solidus im Westen genannt wurde, Konkurrenz. Später prägten die Araber Gold nicht nur in Bagdad, sondern z. B. auch in Cordoba und in Kairo. Das arabische Goldgeld zirkulierte im ganzen Mittelmeerraum. Das Gold stand zu Geldzwecken auch deswegen in größerer Menge zur Verfügung, weil die islamischen Gläubigen Goldschmuck vor Betreten der Moschee ablegen mußten; sie trugen daher von vornherein und generell lieber Silberschmuck.

IV. Das Metallgeld

Gold wurde schon im mittelalterlichen Europa im 9. und 10. Jhrh. mancherorts auch als bloßer Wertmaßstab und Verrechnungseinheit verwendet, also nicht nur in natura. Als Wertgrundlage dienten dabei die „Manci" — das ist das abendländische Wort für die moslemischen Dinare. Später brachten die Kreuzfahrer größere Mengen Gold nach Europa, aber auch die europäische Produktion nahm zu.

Im 11. Jhrh. kam es in Spanien verstärkt zu Zahlungen in Gold in Form von Münzgeld. Die spanischen Könige setzten das erbeutete gemünzte arabische Gold in Umlauf. Außerdem prägten sie selbst Goldstücke, wobei sie heimlich die überall gängigen arabischen Münzen nachahmten. Es wurden auch offizielle Nachprägungen hergestellt, wie beim „Mancus" von Barcelona. Die aus dem Koran stammenden Inschriften wurden später durch christliche Sentenzen in arabischer Schrift ersetzt, nicht zuletzt deswegen, damit die Münzen im Verkehr bereitwilliger angenommen wurden. Nachdem die arabische Münzstätte von Murcia geschlossen worden war, ließ 1175 Alfons VI. von Kastilien Münzen prägen, die seinen Namen trugen.

Das späte Mittelalter

Ab Mitte des 13. Jhrh. setzte auch außerhalb Spaniens das Prägen von Goldmünzen ein, zunächst in Italien. In Florenz wurde seit 1252 der Florin geprägt, in Venedig seit 1284 der Dukaten. Der Florin enthielt 3,537 g reines Gold (1/96 des Florentiner Pfundes). Diese Münzen verdrängten in Europa den Besant und den Denar. Seit 1300 lief der Florin auch in Deutschland um. Der Dukaten wurde 1325 in Ungarn Reichsmünze.

In Frankreich und in England begann im 14. Jhrh. die Prägung eigener Goldmünzen. England hatte seit 1275 eine Doppelwährung (Silber, Gold), und zwar bis 1664. Da die italienischen Münzen einen guten Ruf erlangten, wurden sie seit dem 14. Jhrh. in Frankreich, England und im spanischen Aragon nachgeprägt; der Florin auch in Deutschland – seit 1325 in Böhmen, dann in Westdeutschland und Österreich, seit 1340 auch in Lübeck. Seit ungefähr 1375 wurde ein einheimisches Wappen auf ihn gesetzt. Außerdem wurde für ihn mehr und mehr der Name „Gulden" verwendet.

Vereinbarungen der geistlichen Kurfürsten (1354 Trier, Mainz, 1372 dazu Köln) führten 1386 zu dem Münzverein der vier rheinischen Kurfürsten (Mainz, Köln, Trier, Pfalz). Der Feingehalt des Gulden – beim Dukaten 23 2/3 Karat – wurde wiederholt verringert, 1386 auf 22 $^1/_2$, dann auf 22, 20, 19 und im Jahr 1419 auf 18 Karat 6 Grän – so daß nunmehr der „Rheinische Gulden" 3/4 Dukaten war.

Die Geschichte des Geldes war eng mit der Edelmetallproduktion (Silber, Gold) verbunden. In Deutschland waren Goldmünzen im Vergleich zu Silbermünzen selten. Die Goldmünzen hatten – im späteren Mittelalter – bis 1300 gegenüber dem Silbergeld ständig an Wert etwas gewonnen. Denn die Produktion von Silber war bis 1300 in Europa (Böhmen, Sachsen, Harz) erheblich gestiegen; das drückte den Wert des Silbers nach unten. Von 1300–1500 blieb dann aber das Wertverhältnis zwischen Silber und Gold ziemlich konstant.

1315 bis 1320 kam es in weiten Teilen Europas zu einer Hungersnot. 1347 bis 1348 ging die Pest um. Die Staaten reagierten auf diese Notjahre damit, daß sie mehr Kleingeld in Umlauf brachten und das gute Geld verschlechterten, indem sie bei Beibehaltung des Nominalwertes dessen Edelmetallgehalt verringerten.

Der Gulden war im 15. Jhrh. zu der wichtigsten deutschen Goldmünze geworden; allerdings wurde er von der Hanse (1441) und vom fränkischen Münzverein (1454) abgelehnt. Im Handel wurde er nach seinem Goldgehalt in Zahlung genommen. Unter dem Namen „Goldgulden" wurde er allmählich aus dem Währungssystem verdrängt. An seine Stelle trat der „Guldengroschen", auf den der Name „Gulden" überging.

IV. Das Metallgeld

In Europa kam im späten Mittelalter das meiste Gold aus den Sudeten-, Karpaten- und Alpenländern; außerdem wurde Gold in mehreren deutschen und französischen Flüssen gewaschen. Einiges Gold kam auf Handelswegen aus Afrika. Alles in allem war das Mittelalter aber eine goldarme Zeit.

Der mittelalterliche Bergbau brachte in Tirol, im Erzgebirge und Böhmen sowie in Oberbayern eine reiche Ausbeute von Silber und Kupfer; letzteres wurde in Deutschland – über den Antwerpener und auch den Frankfurter Markt – vorzugsweise nach Spanien und Portugal exportiert.

Das Nebeneinander von Silber und Gold zeigte in diesen Zeiten noch nicht so deutlich die Nachteile der Doppelwährung (Bimetallismus). Im Mittelalter war – wie erwähnt – das Wertverhältnis zwischen den beiden Metallen noch recht konstant. Es hielt sich im allgemeinen zwischen 1:14 und 1:11. Zur Zeit der Karolinger war eine Währungsrelation von 1:12 angesetzt worden. Später betrug sie zeitweise 1:9 und dann wieder 1:12 und zur Zeit der Entdeckung Amerikas, also gegen Ende des 15. Jhrh., 1:11. Am Anfang des 17. Jhrh. betrug das Wertverhältnis 1:12 und am Anfang des 18. Jhrh. 1:15 bis 1:16; die Relation blieb – mit geringen Schwankungen – etwa die gleiche bis 1875, also bis tief in die Neuzeit hinein.

Der Taler (früher ,,Thaler" geschrieben) entwickelte sich vom Ende des 15. Jhrh. zur wichtigsten mitteleuropäischen Silbermünze. Sein Name kommt von ,,Sankt Joachimsthal", einem Städtchen auf der böhmischen Seite des Erzgebirges. Dort war seinerzeit eine der bedeutendsten Silberminen. Eine der Großtaten des Talers war es, daß er später dem Dollar zu seinem Namen verholfen hat. Der Taler war in Deutschland bis ins späte 19. Jhrh. hinein die wichtigste Silbermünze; sein Wert betrug etwa 1/8 bis 1/10 der Kölnischen Mark. Die ersten Taler entstanden 1484, als Erzherzog Sigismund von Tirol bei der Ausbeutung seiner Silberminen bei Schwaz außergewöhnlich große Münzen im Wert eines Goldgulden = 60 Kreuzer schlagen ließ.

Diese Münzen hießen zunächst „große Groschen" oder „große Pfennige", später „Guldengroschen". Wirtschaftlich bedeutend wurde diese Münzart erst um 1500 durch die sächsischen Münzen, die später „Klappmützentaler" genannt wurden — gegen die sich der Wendische Münzverein wehrte. Seit 1515 wurden die Münzen vom Grafen von Schlick aus den Joachimsthaler Gruben gewonnen; man nannte sie zunächst „Joachimsthaler Guldengroschen" und später einfach „Thaler". Die meisten Münzherren, die über Silberbergwerke verfügten, folgten diesem Beispiel. Das Wort Taler wurde in verschiedene Landessprachen übertragen, manchmal mit dem Präfix „Reich", also „Reichsthaler", „Rijksdaalder" und ähnliche Bezeichnungen. Es gab auch Albertustaler, Engeltaler, Glockentaler, Kreuztaler, Löwentaler, Maria-Theresia-Taler — je nach dem aufgeprägten Münzbild oder auch nach dem Kurs der Münze, z. B. „Speziesthaler".

Das 16. Jahrhundert

Nachdem Kolumbus 1492 Amerika entdeckt (richtiger: nach den Wikingern, die schon ungefähr 1000 nach Chr. Nordamerika erreicht haben, „wiederentdeckt") hatte, begann die „Neuzeit" mit ihren großen Entdeckungen, Eroberungen und Erfindungen. Die Menschen wurden sich erstmals dessen bewußt, daß sie auf einem kugelförmigen Gestirn leben.

Die Portugiesen entdeckten den Seeweg nach Ostindien um das Kap der Guten Hoffnung. Mit ihren Karavellen holten sie Gold von Afrika und Asien; die Spanier Gold und Silber von Süd- und Mittelamerika; in Brasilien faßten die Portugiesen Fuß.

Es entstand ein mächtiger Drang, eine Gier besonders nach Gold. Dieses Metall hat für die Menschheit offenbar eine magische Anziehungskraft, verbunden mit einer Art Mystik (Glanz der Sonne; vgl. auch Goethe, der im Faust I die Margarete sagen läßt: „Nach Golde drängt, am Golde hängt doch alles!");

IV. Das Metallgeld

auch, aus einem Lied, „sei's des Mondes Silberschein, sei's das Gold der Sterne").

Das Goldgeld hatte an Wert und Kaufkraft gegenüber dem Silbergeld seit Beginn des 15. Jhrh. in manchen Staaten etwas dazugewonnen, besonders in Spanien und Portugal, aber auch in den Niederlanden, in Italien und in England. Auch dies war für die Portugiesen und dann besonders auch für die Spanier ein Grund, in den in Übersee entdeckten Ländern vorzugsweise nach Gold zu suchen.

Die Portugiesen erbeuteten Gold zunächst in Afrika. Durch Handel bezogen sie Gold vornehmlich auch aus Marokko. Ende des 15. Jhrh. flossen von Safi, neben Azemmour damals der Hauptumschlagplatz in Marokko, über 40 000 Golddoblas jährlich in die portugiesische königliche Kasse (die Dobla enthielt 4,4 g Feingold). Hinzu kamen – über Azemmour – jährlich 6200 Doblas. An diesen Plätzen war das Silber relativ teuer gegenüber dem Gold; man konnte daher mit Gewinn das eine gegen das andere tauschen. 1502 brachte von Westafrika eine einzige portugiesische Karavelle 4500 Doblas nach Lissabon. Besonders auch von der „Goldküste" (das heutige „Ghana") brachten die portugiesischen Segelschiffe viel Gold nach Portugal, z. B. 1505 etwa 170 000 Doblas aus Feingold. Die Portugiesen erhandelten auch erhebliche Goldmengen in Ostasien.

Die Spanier machten den Portugiesen Konkurrenz. Als Spanien in der zweiten Hälfte des 15. Jhrh. im Kriegszustand mit Portugal war, erbeuteten spanische Schiffe durch Kapern die Ladung portugiesischer Karavellen, die manchmal bis zu 6000 Doblas Gold an Bord hatten.

Nachdem die Spanier Amerika entdeckt hatten, gingen sie dort unverzüglich auf Goldsuche. Sie fanden allerdings zunächst nicht viel. Pizarro suchte in Peru mit seinen Leuten vergeblich nach dem Eldorado, das er im Inkaschatz vermutete. Die Spanier raubten vielfach den Indianern ihren Goldschmuck. In Mittelamerika entdeckten sie dann aber Goldadern. Im übrigen

Das 16. Jahrhundert

wurde das Gold teils durch Plünderungen, z. B. von Staats- und Tempelschätzen in Mexiko, Peru und Kolumbien, teils durch erzwungenen Handel, teils durch Zwangsarbeit billig beschafft und floß dann vor allem nach Spanien — über dessen atlantische Häfen an der Südwestküste und weiter zum erheblichen Teil über Sevilla (1530–1540) — und erst später weiter in Europa hinein. Das Gold hat zusammen mit dem Silber, das vor allem in Mexiko und später auch in Peru gewonnen wurde, in Spanien einen erheblichen Preisauftrieb bewirkt. Seit etwa 1580 floß das in Amerika, hauptsächlich in Mexiko gewonnene Silber von Spanien aus massenhaft nach Frankreich und nach Italien hinein und verdarb auch in diesen Ländern die Preise. Durch diese Silberinvasion gewann das Gold an Wert gegenüber dem Silber. In Italien verlangten die Soldaten ihren Wehrsold nunmehr in Gold. Zeitweise mußten die Genuesen einspringen, um die Forderungen des Militärs zu erfüllen.

In Spanien bestand bis zum Ende des 16. Jhrh. ein Goldzeitalter, das aber dann durch ein Silberzeitalter abgelöst wurde. Gleichzeitig verwendete man zunehmend Kupfer als Münzmetall (Scheidemünzen). Für das Silbergeld mußte ein Agio gezahlt werden. Beim Gold waren die Transportkosten höher als beim Silber, was das Gold noch teurer machte.

Für heutige Verhältnisse, also nach heutigen Maßstäben, war die gesamte Goldausbeute in der Welt von 1500 bis 1700 allerdings bescheiden; sie bewegte sich zwischen 6 und 10 t jährlich. In Europa wurde hauptsächlich in Böhmen, Salzburg, Ungarn und am Rhein etwas Gold gewonnen. Das Silber behielt — global gesehen — als monetäres Substrat seine Vorzugsstellung, wenngleich die Entdeckung Amerikas zu einem Absinken seines Wertes führte, besonders von der Mitte bis zum Ende des 16. Jhrh.

In Deutschland versuchte man, durch Reichsmünzordnungen der Vielfalt der Münzsysteme entgegenzuwirken. Die Eßlinger Reichsmünzordnung von 1524 setzte den Rheinischen Gulden

IV. Das Metallgeld

auf 1 Taler (1/8 der Kölnischen Mark) fest. Die Augsburger Münzordnung wich davon ab; nach ihr sollten 60 Kreuzer einen Zahlgulden, aber 72 Kreuzer einen „Reichsgulden" ausmachen.

1559 wurde eine neue Reichsmünzordnung geschaffen. Nach ihr hatte der Taler einen Wert von 72 Kreuzern; der Reichsguldiner − auch Guldentaler genannt − hatte einen Wert von 60 Kreuzern. Es war ein Versuch, den vollwertigen alten Taler zu verdrängen. Der Versuch scheiterte. Der Augsburger „Abschied" von 1566 ließ das Prägen von Talern im Wert von 68 Kreuzern wieder zu. Seit 1559, und zwar bis 1873, gab es in Deutschland Guldenländer und Talerländer. Der Gulden wurde in Süddeutschland bis 1871 geprägt, in Österreich sogar bis ins 20. Jhrh. hinein. Die Niederlande prägten die „Ritter-Dukaten" mit 3,42 g Gold vom 16. bis ins 20. Jhrh. − Skandinavien schlug Dukaten von der Mitte des 16. Jhrh. bis ins 19. Jhrh., Schweden bis 1868 (Albertustaler, Silberdukaten).

In Frankreich machte 1577 Heinrich III. den Ecu aus Gold zur gesetzlichen Werteinheit; dieser konnte aber bei allen Zahlungen unbeschränkt durch Silbermünzen ersetzt werden[15].

Von 1580 an nahmen die Erträge des deutschen Bergbaus ab. Die Reichsgulden erwiesen sich als „zu fett", d. h. zu vollhaltig. Sie wurden mit Erfolg von den Niederländern und auch den Ungarn aus dem Deutschen Reich gezogen. Später nutzten in Deutschland die kleinen und kleinsten Münzherren ihr Münzprivileg durch Schlagen minderwertiger Scheidemünzen in großen Mengen aus.

---

15 Das Wort „Ecu" hat in jüngster Zeit eine Renaissance erfahren: „ECU" (die Abkürzung für „European Currency Unit") ist die europäische Währungseinheit im Europäischen Währungssystem (EWS) der Europäischen Gemeinschaft. Ob dabei an den alten Ecu Heinrichs III. gedacht worden ist, ist fraglich.

Das 17. Jahrhundert

In Deutschland wütete von 1618 bis 1648 der Dreißigjährige Krieg mit seinen Verheerungen und Schrecken. Bereits zu Beginn dieses Kriegs verringerte man das Gewicht oder den Feingehalt der Münzen unter Beibehaltung des Nominalwertes. Es begann die große Zeit der „Kipper und Wipper". Sie hat Gustav Freytag in seinem Buch „Bilder aus der deutschen Vergangenheit" anschaulich geschildert. „Kippen" bedeutet abschneiden, „wippen" bedeutet wägen. Der Feingehalt der kleinen Silbermünzen (Groschen, Dreier, Pfennige) war in der Reichsmünzordnung von 1559 auf längere Zeit zu hoch angesetzt worden; man hatte die Prägekosten außer acht gelassen. Das Prägen dieser Münzen war daher mit einem Verlust verbunden. Infolgedessen trat Anfang des 17. Jhrh. ein erheblicher Mangel an Kleinmünzen ein. Kleine Münzstände prägten deshalb teilweise weit unter dem Feingehalt in zunehmendem Umfang kleine Sorten aus, mit denen sie gute Taler aufkauften. Dies geschah vielfach gesetzeswidrig in „Heckenmünzen". Der Höhepunkt der Prägung von „Heckmünzen" waren die ersten fünf Jahre des Dreißigjährigen Krieges und später das Jahr 1680. Die Landesherren – die kleinen wie die großen – benötigten zu Beginn des Dreißigjährigen Krieges viel Geld zur militärischen Rüstung. Auch große Münzstände (Braunschweig, Brandenburg sowie die Kaiser in den habsburgischen Ländern u.a.) machten entweder das Ausprägen kleiner unterwertiger Sorten mit oder verpachteten ihre Münzstätten zu einem hohen Preis. Die Agenten dieser Pächter waren die Kipper und Wipper. Sie brachten durch Abschneiden oder Abfeilen der Münzränder und auch durch einen ungenauen Gebrauch der Goldwaage weitere untergewichtige Münzen in Umlauf. Vielfach ließen überdies die Landesherren durch ihre Minister oder Münzmeister die Silbermünzen in einer schlechten Mischung von Silber und Kupfer schlagen; mancherorts, z.B. in den Harzgegenden, ließen sie reine Kupfermünzen prägen. Als auch das Kupfer all-

IV. Das Metallgeld

mählich knapp wurde, gab man – z. B. in Leipzig – eckige Blechstücke als Geld aus, die mit einem Stempel versehen waren. Die Warenpreise stiegen immer weiter; es kam zu einer großen Teuerung. Viele Menschen merkten anfänglich gar nicht, daß sie Bezahlung in immer wertloseren Münzen erhielten. Doch dann wurden sie von Schreck, Angst und Verzweiflung befallen. Unfrieden zwischen Schuldnern und Gläubigern, Haß und Empörung über die betrügerischen Münzmanipulationen und den Münzschacher waren die Folge.

Der Niedersächsische Kreis sorgte als erster im Jahre 1622 für Abhilfe, indem er das Verpachten von Münzstätten verbot; andere Kreise folgten, schließlich auch der Kaiser in Wien. Im Sommer 1623 waren die Verhältnisse wieder einigermaßen stabilisiert; die Reichsmünzordnung hatte wieder an Geltung gewonnen. Doch kam es dann 1659 zu der Zweiten Kipperzeit. Diese endete 1667 mit der Festsetzung des Zinnaischen Münzfußes. Er war das Arbeitsergebnis eines im Kloster Zinna zwischen Kurbrandenburg und Kursachsen geschlossenen Münzvereins. Es wurde vereinbart, aus der Mark Feinsilber für 10 1/2 Taler 2/3-Taler-Stücke zu münzen. Kursachsen gab diese Prägung bereits nach zwei Jahren wieder auf. 1676 begann die „Kleine Kipperzeit". Die Kipper verschlechterten den Gulden des Zinnaischen Münzfußes und prägten das schlechte Geld in Massen aus. Das betrügerische Agieren der Kipper dehnte sich auch über Deutschland hinaus auf Nachbarländer aus. 1687 führte Kurbrandenburg den 12-Taler-Fuß ein, der 18 Stücke zu 2/3 Talern ergab. 1690 schlossen sich Kursachsen und Braunschweig-Lüneburg in Leipzig diesem Beispiel an („Leipziger Münzfuß"). Der Leipziger Münzfuß setzte sich auch in anderen deutschen Staaten durch, wo 2/3-Taler, 1/3-Taler und 1/6 Taler geprägt wurden. Damit war die „Kleine Kipperzeit" beendet.

Der Gulden hatte ursprünglich dem Taler gleichgestanden. Später verschob sich das Verhältnis zugunsten des Talers. Nach dem Dreißigjährigen Krieg galt in Deutschland 1 Gulden:

60 Kreuzer = 1 Dukaten: 3 Gulden. Dieses Verhältnis des Guldens zum Taler blieb bis 1740 unbeeinträchtigt.

Im 17. Jhrh. kamen die Niederlande, nachdem sie sich von der spanischen Zwangsherrschaft befreit hatten, als See- und Handelsmacht stark auf. Übrigens gründeten sie 1626 in Nordamerika Neu-Amsterdam, das später in „New York" umbenannt wurde. Sie errichteten die Ostindische Gesellschaft, die damals die mächtigste Handelsgesellschaft der Welt war. Mit ihr ist die Gründung der Bank von Amsterdam 1609 verbunden. Die Bank zog Edelmetall (Silber, Gold) und auch ausländisches Kapital an sich.

1691 wurde der Florin, der bis dahin in den Niederlanden und auch in anderen Ländern praktisch nur eine Verrechnungseinheit war, Kurantgeld.

Gegen Ende des 17. Jhrh. begann England, den Niederlanden den Rang als führende Handelsmacht abzulaufen. 1664 führte England, das bis dahin eine Doppelwährung gehabt hatte, eine reine Silberwährung ein, die bis 1717 anhielt.

Das 18. Jahrhundert

Bereits im 17. Jhrh. waren in Brasilien große Goldfelder entdeckt worden. In größerem Umfang ausgebeutet wurden sie erst im 18. Jhrh. Aus ihnen kam mit rd. 900 t Gold im 18. Jhrh. etwa die Hälfte der gesamten Weltgoldproduktion (die andere Hälfte kam hauptsächlich aus Kolumbien, Siebenbürgen und aus dem Ural; hinzu kamen Goldzufuhren aus Afrika). Das brasilianische Gold floß – zum großen Teil über Portugal – hauptsächlich nach England. In der zweiten Hälfte des 18. Jhrh. ging das Gold Brasiliens zur Neige.

England kehrte im Jahre 1717 zur Doppelwährung zurück, die es bis 1816 beibehielt. Zwischen 1721 und 1726 wurde in England die Währung stabilisiert; es gab nur sehr geringe Unter-

IV. Das Metallgeld

schiede zwischen dem Wert der kursierenden Münzen und dem Marktpreis von Gold und Silber.

Die Autorität eines Staates kann den Wert des Metallgeldes weitgehend, aber nicht unbedingt bestimmen. Der Staat kann den Metallwert nicht ignorieren, sondern muß sich zumindest annähernd an ihn halten; dies gilt jedenfalls für die Edelmetalle. Außerdem kann der Außenhandel die staatliche Münzordnung stören und sogar durcheinanderbringen. Schon bei relativ geringem Unterschied zwischen Nominalwert und Metallwert ist beim Bimetallismus über kurz oder lang unweigerlich das Gresham'sche Gesetz in Funktion getreten: Das schlechte Geld hat das gute aus dem Verkehr verdrängt.

England ist es mit seiner 1717 wieder eingeführten Doppelwährung gelungen, Nominalwert und Warenwert des Geldes miteinander zu vereinbaren. Dies wirkte sich auch stabilisierend auf die Währungen vieler europäischer Kontinentalstaaten aus.

Frankreich war in seiner wirtschaftlichen Entwicklung weit hinter England zurückgeblieben. Es hatte eine Doppelwährung – bis zur Lateinischen Münzunion 1865 und noch darüber hinaus.

Die skandinavischen Reiche hatten bis 1873 Silberwährung.

Auch in Deutschland herrschte weiterhin Silberwährung (bis 1873). Den Stoff lieferten großenteils Minen des Erzgebirges. Lediglich die Hansestadt Bremen konnte es sich leisten, 1780 die Goldwährung einzuführen.

In der ersten Hälfte des 18. Jhrh. trat jedoch in Deutschland ein Mangel an Silber auf. Er machte es unmöglich, den Leipziger Münzfuß beizubehalten. Doch blieben die nach dem Leipziger Münzfuß geprägten Silbergeldstücke bis ins 19. Jhrh. als Handelsmünzen im Umlauf. Mit „Handelsmünzen" bezeichnet man Geldstücke, die nicht auf die Währung des Prägestaates beschränkt sind, sondern dem zwischenstaatlichen Verkehr (Außenhandel usw.) dienen.

Das 18. Jahrhundert

Ihre Zahlkraft gründet sich auf ihren Metallwert und ihr Ansehen im Ausland. Solche Handelsmünzen wurden sogar manchmal eigens für den Außenhandel geprägt, und zwar auf dem Münzfuß des jeweiligen ausländischen Staates. Dies war z. B. der Fall bei den „Victoriaten" der Römischen Republik. „Kölner Pfennige" des 10. und 11. Jhrh. waren Handelsmünzen, welche die Bedeutung Kölns als Handelszentrum von Breisach bis nach Skandinavien widerspiegelten; ähnlich die „Regensburger Pfennige" in Bayern und Franken. Der englische Sterling hatte im 13. und 14. Jhrh. die Bedeutung einer Handelsmünze; sein Münzbild wurde von den Münzstätten der Niederlande und Westdeutschlands bis zur Weser vielfach nachgeahmt. Die französischen „Tournosen", die „Prager Groschen", die „Florentiner Gulden" (Floren) und die „Venezianischen Dukaten" waren Handelsmünzen. Im 18. Jhrh. ließ Friedrich der Große in Emden Piaster für den Überseehandel prägen. Die Maria-Theresien-Taler wurden mit ihrem Münzbild von 1780 – das z. B. in Afrika viel Anklang fand, da es den Einheimischen gefiel – als Handelsmünzen noch im 20. Jhrh. in Wien weitergeprägt.

1740 nahm der Kaiser für seine Erblande einen Zwanzigguldenfuß an, nach dem 20 Gulden zu 13 1/2 Lot fein aus der Kölnischen Mark zu prägen waren; dies bedeutete 20 Gulden = 1 Taler = 120 (bis 1749 nur 90) Kreuzer. Diese Gulden nannte man Konventionstaler, weil ihr Münzfuß durch eine Konvention (besonderer Staatsvertrag), und zwar zwischen Österreich und dem Bayerischen Kreis, vereinbart worden war. Dieser Münzfuß wurde auch von den süddeutschen und den westdeutschen Staaten und sogar von Polen eingeführt. Es war also ein Konventionsgeld, das weite Verbreitung gefunden hat. Allerdings gingen einige Fürsten, vor allem süddeutsche, 1764 zum 24-Gulden-Fuß über, d. h. zur Ausprägung von 24 Gulden (oder 16 Talern) aus einer feinen Mark; doch wurden die bisherigen Kurantmünzen weitergeprägt, wurden aber seitdem um 20% höher bewertet.

IV. Das Metallgeld

England wickelte zwischen 1733 und 1766 rund zwei Drittel seiner Importe aus Asien in Silber ab (hauptsächlich in Münzform, daneben in Barrenform). In Indien hat die silberne Rupie eine große Bedeutung erlangt.

1773 wies Charles Jenkins, der spätere Earl of Liverpool – ein hoher Beamter unter George III. –, auf die Verschlechterung des umlaufenden Silbergeldes und auch der Goldmünzen hin. Auf seinen Vorschlag prägte man die Goldmünzen neu, indem man ihren Nennwert beibehielt und diesen dem Materialwert (inneren Wert) der Münzen anpaßte. Das Silbergeld wurde immer mehr zum Kleingeld degradiert; bei ihm entfielen die Gewichtskontrollen. Durch Gesetz von 1774 wurde der Annahmezwang von Silbergeld eingeschränkt: Ein Gläubiger mit einer Forderung von mehr als 50 Pfund konnte eine Zahlung in Silber verweigern und statt dessen Gold verlangen. Das Gesetz beschränkte ferner bei der Neuprägung von Goldmünzen die zulässige Abweichung für die Guinea auf 1 Gran 38/39, d.h. auf einen sehr kleinen anteiligen Wert. Das Gesetz von 1774 erwies sich als sehr praktikabel. Es wurde seiner Art nach weitgehend Vorbild für spätere Doppelwährungen.

In den Vereinigten Staaten von Amerika erging 1792 ein Münzgesetz, das ein Wertverhältnis von 1:15 zwischen Silber und Gold vorsah. Alexander Hamilton, Schatzmeister unter Präsident George Washington und Begründer des nordamerikanischen Finanzwesens, hat dieses Währungssystem eingeführt. Es beruhte auf dem Golddollar und dem Silberdollar. 1838 änderten die USA die Relation durch Gesetz in 1:15,988. Bis 1853 herrschte in den USA gesetzlich und faktisch die Doppelwährung.

Die Entwicklung seit 1800

Das 19. Jhrh. war die Blüte- und Glanzzeit des Metallgeldes. Die Entwicklung erreichte zu Beginn des Ersten Weltkrieges ihren Höhepunkt, brach dann aber jäh – gleichsam wie vom Blitz getroffen – zusammen.

Die Entwicklung seit 1800

Zu Beginn des 19. Jhrh. hatten die Staaten noch entweder Doppelwährung (Gold, Silber) oder reine Silberwährung. Im Laufe des 19. Jhrh. gingen dann viele Staaten – in der Regel je nach ihrem wirtschaftlichen Reifegrad – zur Goldwährung über. Die Entwicklung hängt auch mit dem Umfang der Produktion von Gold und Silber und dem sich daraus ergebenden Wertverhältnis zwischen diesen beiden Metallen zusammen. Seit 1875 verschob sich das Wertverhältnis, das bis dahin ziemlich konstant war, immer mehr zugunsten des Goldes. Größere Goldfunde waren, was Rußland anlangt, schon im 18. Jhrh. im Ural gemacht worden, später vor allem in Sibirien. Gold wurde gefunden in Kalifornien (1848), in Australien (1851), in Nevada (1859), in Colorado (1875), in Alaska (1886) und dann vor allem in Kanada und später in riesigen Mengen in Südafrika.

England ging als erster Staat zur Goldwährung über. 1805 plädierte der greise Earl of Liverpool für die Einführung einer Währung, die sich nur auf ein einziges Metall stützt – nämlich auf das Gold. 1816 führte England, nachdem das Heer Wellingtons (das zum größten Teil aus Deutschen – hauptsächlich Hannoveranern – und Holländern bestand) zusammen mit dem preußischen Heer Napoleon I. besiegt hatte, die Goldwährung ein. Die skandinavischen Reiche folgten 1872, ebenso die Hansestadt Hamburg. Das Deutsche Reich führte 1873/1875 die Goldwährung ein, die Niederlande 1875, Japan 1897, die USA (erst) 1900, Bolivien (obwohl eins der ärmsten Länder in Amerika) 1906/1908. Österreich strebte seit 1893 die Einführung der Goldwährung an, indem es den Wert des Papierguldens auf 1,7 Mark in Gold fixierte.

Rußland hatte 1828–1830 Münzen aus sibirischem Platin schlagen lassen, auch „weiße Dukaten" genannt, und zwar im Nennwert von 3, 6 und 12 Silberrubeln – im ganzen 14250 kg. Ein Dreirubelstück aus Platin wog gesetzlich 10,35332 g, etwa 1/5 eines silbernen Dreirubelstückes. Das Platingeld wurde aber im Zusammenhang mit den Schwankungen des internationalen Platinpreises in großen Mengen außer Landes gebracht.

IV. Das Metallgeld

1845 verfügte daher der Zar die Einziehung des in seinem Reich verbliebenen Platingeldes. Der tiefere Grund, warum Platin — obwohl es an spezifischem Gewicht (noch schwerer sind übrigens Iridium und Osmium), an Härte und an Wert das Gold noch übertrifft — auf die Dauer nicht Geldsubstrat geworden ist, ist sicherlich der, daß Platin zu selten ist und von vornherein nur in wenigen Ländern gewonnen worden ist, nämlich in Rußland (jetzt also Sowjetunion), dann auch in Südafrika, Kanada, Alaska und in Kolumbien. Silber und Gold waren dagegen im Laufe ihrer Geschichte weltweit gefunden und gefördert worden, wenn auch die Produktion sich schließlich hauptsächlich auf bestimmte Teile der Welt verlagert hat, z. B. beim Gold auf Südafrika und die Sowjetunion. Auch mag es eine Rolle spielen, daß der Glanz des Goldes den Menschen wohl mehr in die Augen gestochen hat als der Glanz des Platins[16].

In Deutschland verlief die Entwicklung — in groben Zügen — folgendermaßen: In dem 1815 — nach der endgültigen Niederlage Napoleons I. — gegründeten Deutschen Bund gab es neun verschiedene Münzsysteme mit unterschiedlichem Münzfuß: Preußischer Taler, Reichstaler, Theresientaler, Kronentaler, Rheinischer Gulden, Fränkischer Gulden, Österreichischer Gulden, Hamburgische Mark, Lübische Mark. Alles war Silberwährung; nur Bremen hatte — wie erwähnt — seit 1780 die Goldwährung. Alle diese Währungseinheiten hatten das gleiche Münzgewicht, die Kölnische Mark. Dieses Münzwesen war unübersichtlich. Die Entwicklung drängte nach Vereinheitlichung.

1833/34 versuchte der Deutsche Zollverein, die Vielfalt zu überwinden. Der Zollvereinsvertrag schrieb vor, ein gleiches Münz-, Maß- und Gewichtssystem für die Vertragsländer einzuführen. Gemäß dieser Bestimmung kam es 1838 zu einer Münzkonferenz der Zollvereinsstaaten. Sie führte zur Dresde-

---

[16] In jüngster Zeit haben die Sowjetunion, die Isle of Man und Australien Platinmünzen herausgebracht, die als Sammler- und Gedenkmünzen erworben werden können.

Die Entwicklung seit 1800

ner Münzkonvention von 1838. Diese legte zwei Währungsgebiete innerhalb des Zollvereinsgebiets fest: das norddeutsche Talergebiet und das süddeutsche Guldengebiet. Der Münzfuß des Talers wurde in ein festes Verhältnis zu dem des Guldens gesetzt. Aus der Kölnischen Mark Silber (= 233,8555 g) wurden danach 14 Preußische Taler oder 24,5 Gulden geprägt. Daneben gab es eine gemeinsame Zollvereinsmünze; sie hieß „Doppeltaler" oder „3 ½-Gulden".

Die Münzkonvention von 1838 galt bis 1857. Sie hatte eine erhebliche Vereinheitlichung in ganz Deutschland gebracht. 1857 kam es zu einem Deutsch-Österreichischen Münzverein; Österreich trat der Münzkonvention von 1837/38 bei. Die Währungseinheit dieses Verbundes war wieder ein einfacher Taler. Manche Münzen dieser Epoche trugen daher doppelte Währungsangaben, nämlich in Talern und in Gulden. Der Vereinstaler des 30-Taler-Fußes von 1857 wog im Rauhgewicht 16,666 g und enthielt 1/20 Mark Feinsilber. Er galt 1 1/2 Gulden österreichisch und 1 3/4 Gulden süddeutsch. Aus einem Pfund Silber wurden in Süddeutschland 52 ½ Gulden geprägt, in Österreich 45 Gulden, in Norddeutschland 30 Taler, die Vereinstaler.

In Frankreich herrschte Doppelwährung. Ende 1865 einigten sich in Paris Frankreich, Belgien, Italien und die Schweiz vertraglich darauf, daß in jedem der beteiligten Staaten Kurantmünzen der anderen Staaten auf der Basis der Frankenwährung umlaufen konnten. Es war ein Versuch Napoleons III., die französische Frankenwährung und den französischen Bimetallismus (bei einem Wertverhältnis zwischen Gold und Silber von 15,5:1) zum Weltgeldsystem zu machen („Lateinische Münzunion"). 1868 trat Griechenland dem Münzbund bei. Auch Rumänien und sogar einige südamerikanische Staaten schlossen sich an. 1873 wurde in Frankreich die Privatausprägung von Silber sistiert. 1878 ging diese Münzunion wegen des raschen und ständigen Fallens des Silberpreises zu einer hinkenden Währung über: Goldwährung mit einem festbegrenzten Umlauf von − stark entwertetem − silbernen Währungsgeld. Die Lateinische Münz-

IV. Das Metallgeld

union existierte in dieser Form weiter bis 1880. Im Ersten Weltkrieg brach sie auseinander. Nach mehreren Erneuerungsversuchen erlosch der Vertrag endgültig durch die Kündigungen Belgiens 1925 und der Schweiz 1927. Geblieben davon ist bis heute der Franken lediglich als gemeinsame Bezeichnung der Währung mehrerer europäischer Staaten.

Im Juli 1871 beschloß die preußische Regierung, den freien Silberankauf bei den preußischen Münzen einzustellen. Als Folge mußte die preußische Regierung nun damit beginnen, Goldmünzen zu prägen. Es erging ein Gesetzesentwurf „betreffend die Ausprägung von Reichsgoldmünzen"; er wurde durch den Bundesrat im Oktober 1871 gebilligt. Die Reichsgoldmünze wurde unterteilt in 100 Pfennige. Zum weiterhin umlaufenden Silbergeld wurde ein Verhältnis von 1:15,5 festgelegt (also dasselbe Verhältnis wie bei der Lateinischen Münzunion), ferner eine Tauschrelation von 1 Taler Silber = 3 Mark Gold und von 1 Pfund Gold = 1395 Mark, im Guldengebiet dagegen von 1,71 Mark = 1 Gulden. Es war schwierig, in Deutschland eine Goldwährung durchzusetzen. Erst im Juli 1873 wurde ein weiteres Gesetz zur Prägung von Goldmünzen erlassen, das aber wieder nur provisorischen Charakter hatte. Es bestimmte, daß neben den Reichsgoldmünzen auch weiterhin unterwertige neue Reichssilbermünzen und echte Scheidemünzen aus Nickel und Kupfer zirkulieren konnten. Der Silbertaler hielt sich als Zahlungsmittel bis zum Oktober 1907. Erst das Münzgesetz vom 1. Juli 1909 erklärte die 1873 konzipierte Goldwährung für endgültig eingeführt. Dies war das Ende der hinkenden Goldwährung. Infolge des Gesetzes vom Juli 1873 war bereits bis Ende 1875 ein großer Teil der inländischen und ausländischen Münzen aus dem Verkehr gezogen; in allen Bundesstaaten, mit Ausnahme von Bayern, galt die „Reichswährung" auch als Landeswährung. Anfang 1876 trat die Reichswährung im gesamten Deutschen Reich in Kraft.

Die Banknoten wurden bis zum Jahresbeginn 1876 auf Reichswährung umgestellt bei einem Nennwert der Noten von mindestens 100 Mark.

Die Entwicklung seit 1800

Nach dem deutschen Münzgesetz von 1873 war bei den Goldmünzen das Mischungsverhältnis 900 Tausendstel Gold, der Rest Kupfer (beim englischen Goldgeld war der Goldanteil 916 Tausendstel, beim französischen Silbergeld 835 Tausendstel Silber). Silbergeld durfte nach dem deutschen Gesetz von 1900 nicht mehr als 15 Mark pro Kopf ausgeprägt werden, Nickel- und Kupfergeld nicht mehr als 2 1/2 Mark pro Kopf.

Der Taler wurde durch die Münzgesetze von 1871 und 1873 drei Mark der neuen Reichswährung gleichgesetzt. Nachdem er 1907 aufgehört hatte, gesetzliches Zahlungsmittel zu sein, wurden bis 1933 silberne Dreimarkstücke ausgeprägt. Diese Geldstücke wurden aber immer mehr als Geschichts- und Denkmünzen gesammelt und verschwanden so allmählich aus dem Umlauf.

In Österreich wurde 1892 eine „Kronenwährung" eingeführt.

Der Münzumlauf pro Kopf der Bevölkerung belief sich 1899 auf etwa:

	Gold	*Silber*
Großbritannien	48 Mark	11,7 Mark
Frankreich	88 Mark	46 Mark
Deutschland	50 Mark	16 Mark.

In den Vereinigten Staaten von Amerika wurde der Streit um den Bimetallismus erheblich schärfer als in Deutschland ausgetragen. Die Vereinigten Staaten hatten – wie erwähnt – im 19. Jhrh. Doppelwährung. Seit 1853 herrschte faktisch Goldwährung, seit 1861 (Beginn des Bürgerkrieges) Papierwährung; Zollgebühren wurden aber in Silber oder Gold gezahlt. 1873 wurde die Prägung des Silberdollars, die schon seit längerer Zeit eingestellt war, zugunsten der Papierwährung auch durch Gesetz aufgehoben. Durch die „Bland-Bill" wurde aber 1878 gesetzlich vorgeschrieben, daß mindestens 2 Mio. Dollar pro Monat auszuprägen waren; damit war faktisch die Doppelwährung wiederhergestellt. Die „Sherman-Bill" von 1890 bestimmte den monatlichen Ankauf von 4 1/2 Mio. Unzen Silber durch

IV. Das Metallgeld

den Staat; 1893 wurde sie wieder beseitigt. Erst 1900 führten — wie erwähnt — die USA die Goldwährung ein.

Deutschland hatte sich also schon vor den USA — nach englischem Beispiel — für den Monometallismus entschieden. Das Gold wurde Kurantgeld und außerdem das Deckungsmetall für die Noten der Reichsbank und der neben ihr zunächst weiterbestehenden regionalen Notenbanken. Die Gesetze zur Goldwährung regelten den Münzenumlauf und die Deckung der Banknoten; die Steuerung der Geldmenge war der Reichsbank zugeschrieben worden, und zwar nahezu ausschließlich deren Diskontpolitik. Die Goldwährung konnte allerdings von Beginn an nur ein Mischsystem sein, da die seit 1909 neben den Goldmünzen zirkulierenden, in Gold einlösbaren (die Einlösungspflicht wurde erst 1914 aufgehoben) Banknoten und Staatsnoten nur zu einem Teil durch Gold gedeckt waren und außerdem der bargeldlose Zahlungsverkehr erheblich zunahm. Es war aber eine „Goldumlaufswährung".

Das Deutsche Reich nahm seit seiner Gründung 1871 einen steilen wirtschaftlichen Aufschwung bis 1914; es war eine Blütezeit. Deutschland entwickelte sich zu einem Kapitalexportland, worin sich seine wirtschaftliche Reife widerspiegelte.

Der Russisch-Japanische Krieg 1904/05 — den Japan gewonnen hat und damit zu einer Großmacht aufgestiegen war — zeigte, daß eine moderne Kriegführung viel Geld kostet. Über Deutschland lastete besonders seit den Marokkokrisen 1905/06 und 1911 („Panthersprung" nach Agadir) zunehmend die Gefahr eines erneuten Krieges mit Frankreich und, seitdem Bismarck abgedankt hatte und der Rückversicherungsvertrag mit Rußland nicht mehr erneuert wurde, angesichts der Bosnienkrise 1908/1909 (in diese war Österreich, also Deutschlands wichtigster Verbündeter, verwickelt) und der Balkankriege 1912/13, auch die Gefahr eines Krieges mit Rußland mit seinen panslawistischen Bestrebungen — also die Gefahr eines Zweifrontenkrieges. Der Präsident des Zentralverbandes des deutschen Bank- und Bankiergewerbes schlug 1909 vor, den Kriegsschatz zu verdoppeln. 1913 hielt auch die Reichsregierung den Kriegsschatz für unzureichend. Dieser wurde daher durch Gesetz 1913 erhöht: Der Vorrat an Goldmünzen sollte auf 240 Mio. Mark verdoppelt werden; außerdem sollte ein Silbervorrat von 120 Mio. Mark angelegt werden. Bis zum Kriegsausbruch konnte der Goldvorrat des Reichskriegsschatzes auf 225 Mio. Mark gebracht werden. Auch die Reichsbank vermehrte von 1905 bis 1914 erheblich ihren Goldvorrat, nämlich von 596 Mio. Mark auf 1253 Mio. Mark. Zum Vergleich: Die Goldreserven der Banque de France betrugen 1914 umgerechnet 3,35 Mrd. Mark, die der Russischen Staatsbank umgerechnet 3,46 Mrd. Mark. Wahrscheinlich ist die Aufstockung des Reichskriegsschatzes und der Reichsbankreserve hauptsächlich durch eine „Entgoldung" des inländischen Zahlungsverkehrs zustande gekommen. Entsprechend wurde der Banknotenumlauf vermehrt. 1906 wurde die Reichsbank bevollmächtigt, auch Noten von 50 Mark und 20 Mark auszugeben (bis dahin gab es – wie erwähnt – nur 100-Mark-Noten). Durch eine Novelle vom 1. Juni 1906 zum Reichsbankgesetz wurden – was ebenfalls der Zentralisierung des Edelmetalles bei Staat und Reichsbank dienen sollte – die Reichsbanknoten zum gesetzlichen Zahlungsmittel erklärt. Gehälter und Löhne wurden nunmehr in Banknoten ausgezahlt, in Münzen nur noch das nötige Kleingeld.

Mit dem Ausbruch des Ersten Weltkrieges brach die Goldwährung zusammen. Das vorhandene Gold wurde für Zahlungen an das Ausland gebraucht. Der Ausbruch des Ersten Weltkrieges markiert für Deutschland und auch für andere Staaten – jedenfalls binnenländisch – das Ende der Metallgeldära.

Menge und Wert des Goldes

Zum Schluß des Abschnitts „Das Metallgeld" noch einige Zahlen zum Gold und – zum Vergleich dazu – auch einige Zahlen zum Silber:

IV. Das Metallgeld

Man schätzt, daß bisher (= bis 1987/1988) in der Welt rd. 100000 t Gold gefördert worden sind. Die weitaus überwiegende Mehrheit des Goldes ist erst seit der Mitte des 19. Jhrh. gefördert worden. Zum Vergleich: An Silber ist bisher — ebenfalls nach einer groben Schätzung — rd. 1 Mio. t gefördert worden.

In unseren Zeiten wird jährlich nur noch 1% bis 1,5% Gold zusätzlich gefördert — bei steigenden Produktionskosten.

Die vorhandenen — noch nicht ausgebeuteten — Goldlagerstätten schätzt man auf mindestens 40000 t bis 50000 t; davon entfällt wahrscheinlich mindestens ein Drittel auf Südafrika[16a]. Nicht alles Gold ist wirtschaftlich abbauwürdig, da die Kosten der Förderung den Abbau zum Teil nicht lohnen.

Einige Zahlen zur Historie der Goldproduktion (es handelt sich um ungefähre und abgerundete Zahlen):

Jahr	Förderung in t
1851	126
1852	209
1853	225
1900	380
1938	1100
1940	1300
1950	865
1960	1170
1980	1255
1981	1280
1982	1540
1983	1460

16a Neuerdings hört man von beträchtlichen Goldvorkommen in Papua-Neuguinea. Auch von zunehmender Goldgewinnung in Brasilien und von neuen Goldfunden in einem Gebirgsstaat der USA ist berichtet worden.

Menge und Wert des Goldes

Noch eine — weiter in die Vergangenheit zurückgreifende — Übersicht anderer Art:

Jahre	Förderung in t im Jahresdurchschnitt
1493–1600	7,5
1601–1700	9
1701–1800	19
1801–1850	22,5
1851–1860	200
1861–1870	190
1871–1880	173
1881–1890	161
1891–1900	316

Von 1851 bis 1900 sind demnach im Jahresdurchschnitt 208 t Gold gefördert worden.

1901–1910	570
1911–1920	640
1921–1930	570
1931–1940	850
1941–1950	770
1951–1960	870

Die Goldgewinnung der Sowjetunion ist in den Zahlen nicht enthalten (relevant also für die Zahlen, soweit sie sich auf die Zeit nach dem Ende des Ersten Weltkrieges beziehen). Über die Goldförderung der Sowjetunion während der ersten Jahrzehnte ihres Bestehens sind keine verläßlichen Zahlen bekannt. Rußland förderte 1913 rd. 40 t Gold. Die Produktion in der Sowjetunion ist jetzt um ein Vielfaches höher.

Von 1901 bis 1960 sind, wie aus der Zahlenübersicht zu entnehmen ist, im Jahresdurchschnitt weltweit (ohne die Sowjetunion) 711 t Gold gefördert worden.

IV. Das Metallgeld

Heutzutage werden rd. 40% des Goldes allein in Südafrika gefördert. Die Sowjetunion fördert nahezu ein weiteres Fünftel. Auf Südafrika und die Sowjetunion zusammen entfallen somit nahezu 60% der Weltgoldproduktion. In der Rangfolge kommen dann die USA, Kanada, Australien, China, Brasilien, die Philippinen, Kolumbien, Papua-Neuguinea.

Die Silberproduktion der Welt war seit 1825 allmählich und im ganzen recht kontinuierlich angestiegen (also ein anderer Verlauf als beim Gold, das 1851 mengenmäßig einen steilen Sprung nach oben machte). Die hauptsächlichen Silberproduzenten sind heutzutage Mexiko, Peru, Sowjetunion, Kanada, USA, Australien.

Wo ist das geförderte Gold geblieben?

Dazu eine Übersicht (aus offiziellen und privaten Quellen aggregierte Zahlen für die Zeit bis 1984, die allerdings zum Teil auf nicht sehr verläßlichen Schätzungen beruhen):

in Mio. Unzen	
672 (23,9%)	Zentralbanken (ohne USA)
662 (23,6%)	Privatbesitz
638 (22,7%)	Schmuck, Kunstgegenstände
264 (9,4%)	USA-Regierung
196 (7,0%)	IWF und andere internationale Institutionen
58 (2,1%)	Sowjetunion
13 (0,5%)	China
304 (10,8%)	Unbestimmt oder verloren

Bei „Schmuck und Kunstgegenstände" sind eingeschlossen die Verarbeitung von Porzellan, Glas, Mikroelektronik, elektrische Kontakte, Ikonen. Im Laufe der letzten 25–30 Jahre hat die private Goldhortung stark zugenommen (man schätzt, um rd. 400%).

Noch eine „Weltgoldbilanz" für 1983 (und – Zahl jeweils in Klammern dahintergesetzt – für 1982): Das gesamte Goldan-

Menge und Wert des Goldes

gebot 1983 betrug 1459 t Feingold (1982: 1537 t). Die Ostblockstaaten haben 72 t (208 t) an „westliche" Staaten verkauft, davon die Sowjetunion 56 t (140 t). Die westliche Minenproduktion betrug 1026 t (983 t), darunter Südafrika mit 681 t (663 t). Das „Recycling", die Rückgewinnung von Gold aus industriellen Abfällen, betrug 311 t (346 t). Die Zentralbanken haben 1983 50 t Gold am Markt verkauft. — Auf der Nachfrageseite betrug der industrielle Verbrauch 894 t (1095 t). Davon wurden zu Schmuck verarbeitet 697 t (893 t); für Zahngold wurden verwendet 56 t (62 t). In die private Goldhortung gingen 575 t (411 t), darunter 345 t (202 t) in Form von Barren, 193 t (168 t) als Münzen und 37 t (40 t) als Medaillen.

Nach den seinerzeitigen Preisen machte in der ersten Hälfte des 19. Jhrh. der Wert der Silberproduktion 64% und der Wert der Goldproduktion 36% der gesamten Produktion der beiden Metalle aus. In der Zeit von 1851 bis 1880 wurden dagegen nur 33,3% an Silber und 66,7% an Gold produziert (wiederum nach zeitgenössischen Preisen). Nach 1880 war die Produktion der beiden Metalle dem seinerzeitigen Wert nach ungefähr gleich groß. Seit 1898 wurde dann aber an Gold wertmäßig etwa dreimal so viel gefördert wie an — dem stark entwerteten — Silber. In den 80er Jahren des 19. Jhrh. nahm man an, daß in Geräten aller Art 57% des Goldes und 62% des Silbers enthalten seien. In der Folgezeit war dieser Prozentsatz namentlich beim Silber erheblich größer. Der Vorrat an Münzen und Barren wurde 1898 auf 19 Mrd. Mark in Gold und 16 Mrd. Mark in Silber geschätzt. — Dies alles sind grobe und nicht sehr verläßliche Schätzungen.

Das Wertverhältnis zwischen Gold und Silber war — wie bereits erwähnt — jahrhundertelang ziemlich konstant. Von 1700 bis 1875 betrug es durchweg zwischen 15:1 und 16:1. Ab 1875 verschob sich das Wertverhältnis immer mehr zugunsten des Goldes, was sich wohl hauptsächlich daraus erklärt, daß seit 1872 viele Staaten zur Goldwährung übergingen. Vorübergehend kam es allerdings zu kleineren Rückfällen zugunsten des

IV. Das Metallgeld

Silbers und einem starken Ausschlag zugunsten des Silbers Anfang 1980, der spekulationsbedingt war.

Die Entwicklung verlief — in groben Zügen — folgendermaßen:

1876–1880	1:18	1901	1:34,3
1881–1885	1:18,6	1902	1:39,1
1886–1890	1:21,1	1903	1:38,3
1891–1895	1:26,5	1904	1:36,3
1896	1:30	1905	1:33,8
1897	1:34,3	1906	1:30,3
1898	1:35,1	1907	1:30,8
1899	1:34,4	1908	1:38,8
1900	1:33,4		

1933 betrug das Wertverhältnis 1:76,1. In den folgenden Jahren betrug es zeitweise sogar annähernd 1:100.

In den 70er Jahren unseres Jhrh. betrug die Relation ungefähr zwischen 1:20 und 1:40 — mit erheblichen Schwankungen von Jahr zu Jahr.

Der Goldpreis stieg von 1971 bis 1975 steil an, fiel dann aber etwas ab; im Sommer 1976 betrug er 110 Dollar pro Unze Feingold. Seit 1977 stieg er aber wieder stark an. Im April 1979 wurden 239 Dollar für die Unze Feingold gezahlt.

Anfang 1980 kam es plötzlich zu einer gewaltigen Spekulation, welche — im Zusammenhang mit einem weltweit schwachen US-Dollar — die Preise der beiden Edelmetalle schlagartig in exzentrische Höhen trieb, und zwar sowohl den Goldpreis wie auch — noch viel stärker — den Silberpreis. Der Goldpreis erreichte am 21. Januar 1980 ein historisches absolutes Hoch von 850 Dollar pro Unze Feingold. Etwa zur gleichen Zeit kam es zu einer riesigen Silberspekulation. Ausschlaggebend sollen Versuche texanischer Milliardäre aus der Hunt-Familie gewesen sein, die Herrschaft über den Silbermarkt zu erringen. Der Silberpreis explodierte. Für die Unze Silber wurden 48 Dollar gezahlt. Es kam vorübergehend zu einer Relation zwischen Silber

Menge und Wert des Goldes

und Gold von 1:18, zeitweise sogar von 1:15,6 (insofern ein Rückfall in frühere Jahrhunderte zugunsten des Silbers). Im Frühjahr 1980 brach die Hunt'sche Silberspekulation völlig zusammen. Auch die Goldhausse brach zusammen. Das Wertverhältnis zwischen den beiden Metallen „normalisierte" sich wieder. Im Mai 1980 betrug es 1:46,4; 1981 schwankte es zwischen 1:40 und 1:43. Der Goldpreis betrug im März 1981 500 Dollar, in späteren Monaten dieses Jahres rd. 400 Dollar. Er sank dann weiter und schwankte in den folgenden Jahren zwischen 297 und 420 Dollar. Anfang 1985 fiel er mehrmals unter 300 Dollar. Mitte März 1985 betrug er 340 Dollar, Ende Oktober 1985 326 Dollar; letzteres bedeutete eine Wertrelation zwischen Gold und Silber von rd. 53:1. Anfang August 1988 betrug der Goldpreis 433 Dollar. In der Folgezeit pendelte er dann um 400 Dollar, stieg dann aber wieder etwas an (bis Ende 1988), nämlich auf 410–430 Dollar. Anfang April 1989 [16b] betrug die Wertrelation zwischen Gold und Silber ungefähr 66:1. Die langfristige Tendenz geht also offenbar dahin, daß sich die Wertrelation zugunsten des Goldes verschiebt.

Nach den Preisen von Gold und Silber Ende 1988 hat alles bisher in der Welt geförderte Gold einen ungefähr siebenmal so großen Wert wie alles bisher in der Welt geförderte Silber.

Der „offizielle" Goldpreis (Festsetzung für den internationalen Verrechnungsverkehr unter den Zentralbanken usw.) hatte bis 1932 20,67 US-Dollar pro Unze Feingold betragen. Seit 1932/1934 betrug er 35 Dollar. 1971 wurde er auf 38 Dollar erhöht; doch kam es bereits in diesem Jahr im Zusammenhang mit der Loslösung des US-Dollars vom Golde zur Freigabe des Goldpreises. Im Vergleich zu dem wirklichen Wert des Goldes, also zu dessen Marktpreis, hat es sich beim „offiziellen" Goldpreis in den letzten Zeiten um einen viel zu niedrigen und absolut illusorischen Preis gehandelt.

[16b] 1989 ist der Preis auf Werte zwischen 350 und 400 Dollar gesunken.

IV. Das Metallgeld

Die größten „offiziellen" Goldreserven (Zentralbank, Schatzamt) halten nach wie vor mit Abstand die USA (ca. 8500 t). In Fort Knox, Kentucky, wo der größte Teil dieser Reserven aufbewahrt wird, liegen ungefähr 8000 t Gold. Rund 9% des gesamten in der Welt geförderten Goldes ist im Besitz der USA-Regierungsbehörden. Ende des Zweiten Weltkrieges war der Prozentsatz sogar noch deutlich höher; er ist — mit einigen Unterbrechungen — dann ständig zurückgegangen.

Unter den übrigen Staaten[17] nimmt hinsichtlich der „offiziellen" Goldreserven die BR Deutschland einen hervorragenden Platz ein. Die Goldreserve wird von der Deutschen Bundesbank gehalten und verwaltet. Der Goldbestand der Bundesbank besteht überwiegend aus Barren. Er liegt — soweit bekannt — in seiner Mehrheit in den USA (Fort Knox); einiges Gold wird möglicherweise bei den Zentralbanken anderer Staaten unterhalten (Einzelheiten hierüber werden nicht publiziert). Doch sollen auch in den Kellern der Bundesbank ansehnliche Vorräte an Gold liegen.

---

[17] Vor allem auch die Schweiz hat im Vergleich zu ihrer Größe und Einwohnerzahl sehr hohe Goldreserven.

V. Die Entwicklung zum Papiergeld

Das alte China

In China soll es Papiergeld schon vor rd. 3000 Jahren gegeben haben. Ob es wirklich so lange her ist, ist allerdings zweifelhaft. Wissenschaftlich belegt ist, daß die Chinesen vor rd. 2000 Jahren Papier gehabt und dies auch sehr wahrscheinlich selber erfunden haben. Es kann auch als gewährleistet angesehen werden, daß sie das erste Volk waren, das Geld in Papierform, also Papiergeld, verwendet hat. Marco Polo (1254-1324) hat später dem Abendland über das Papiergeld der Chinesen berichtet. Die Chinesen – eins der ältesten Kulturvölker – haben ja manches lange vor uns Europäern erfunden, z. B. das Porzellan und das Schießpulver. China hat, ungeachtet dessen, daß es sich selbst als das Reich der Mitte begriffen hat, seine Erfindungen nicht in die Welt hinausgetragen. Zuzuschreiben ist dies sicherlich den starken natürlichen Grenzen des Reiches (Wüsten, Gebirge, Meer – hinzu kam später als Nordgrenze die berühmte Mauer zum Schutz gegen räuberische Nomadeneinfälle aus dem Norden) und der Seßhaftigkeit seiner Bevölkerung (größere Wanderzüge eigentlich nur in südlichere Länder). Die meisten erfundenen Dinge wurden daher im Abendland und im Vorderen Orient später neu „erfunden" – so auch das Papiergeld. Erst diese Erfindungen waren nachhaltig und wurden schließlich über den ganzen Erdball getragen.

Die historische Funktion der Bankiers

Bevor wir uns nun der Entwicklung zum Papiergeld im Abendland zuwenden, soll dazu etwas Grundsätzliches festgestellt werden:

V. Die Entwicklung zum Papiergeld

Die Bankiers waren die zur Evolution des Geldes vom Weltgeist der Geschichte Auserwählten; sie waren gleichsam die Funktionäre des Weltgeistes auf diesem Gebiete (und sie sind es noch heute)[18]. Ohne die Bankiers ist die Evolution des Geldes undenkbar. Dies gilt sowohl hinsichtlich der Entwicklung vom Metallgeld zum Papiergeld als auch hinsichtlich der Entwicklung vom Papiergeld zum immateriellen Geld. Die historische Funktion der Bankiers hat also praktisch die gesamte Evolution des Geldwesens umspannt. Diese Funktion begann mit dem professionellen Aufbewahren von Metallgeld für andere (in der Regel für Kaufleute). Papiergeld war zunächst nichts anderes als die Quittung eines Bankiers über das bei ihm hinterlegte und von ihm verwahrte Metallgeld. Auch das immaterielle Geld ist von den Bankiers erschaffen worden (hierüber im Abschnitt VI).

Diese historische Funktion der Bankiers muß klar erkannt und bei jeder Darstellung der Evolution des Geldes hervorgehoben werden.

Die Reiche der Antike

Die Entwicklung zum Papiergeld ist schon in den ersten Anfängen untrennbar mit den Bankiers und dem Bankwesen verbunden.

Bankgeschäfte gab es schon unter Hammurabi, König von Babylon (1728–1686 vor Chr.). Das damalige babylonische

---

[18] Wenn manche Leute die Bankiers als Bannerträger und Prototypen des bösen Kapitalismus schmähen und verteufeln, so beweist dies entweder nur Unwissenheit, oder es zeugt von Neidkomplexen. Allerdings haben die Bankiers die Entstofflichung des Geldes maßgeblich mitgetragen, und zwar indem sie das Edelmetallgeld bei sich thesaurierten und es schließlich den Einlegern usw. nicht mehr zurückgaben. Sie erfüllten damit jedoch eine notwendige säkulare Aufgabe, und es verbietet sich somit, sie wegen ihres historischen Wirkens zu tadeln.

Die Reiche der Antike

Reich war ein wohlgeordnetes Staatswesen. Hammurabi ist berühmt geworden wegen seiner — für damalige Zeiten hervorragenden — Gesetzgebung; ihm werden u. a. die Anfänge des Arbeits- und Sozialrechts zugeschrieben. Ebenso bedeutsam war die Staatsverwaltung. Die Tempelherren und die Verwalter der königlichen Vorratshäuser nahmen sowohl austauschbare wie nicht austauschbare Güter als Depositen in Verwahrung; auf Anweisung des Deponenten leisteten sie Zahlungen an Dritte und nahmen Einzahlungen auf deren Rechnung entgegen und schrieben sie auf ihrem Konto gut. Dabei handelte es sich stets nur um Barzahlungen, nicht etwa schon um bargeldlosen Zahlungsverkehr. Einen Giroverkehr im modernen Sinne gab es also noch nicht. Allerdings findet man in Schulddurkunden bereits Inhaberklauseln, nach denen der Schuldner die Leistung dem Inhaber der Depotquittung zu übergeben hat.

Im alten Griechenland wurde in Athen und Megara seit der zweiten Hälfte des 7. Jahrhunderts vor Chr. das Geschäft der Darlehensgewährung gegen Zins praktiziert. Im 4. Jhrh. vor Chr. gab es in Athen 23 private Bankiers unterschiedlicher Größe und Bedeutung, die u. a. das Depositen- und Darlehensgeschäft betrieben. Die Deponenten konnten durch mündliche, später auch durch schriftliche Zahlungsanweisung über ihr Guthaben verfügen; allerdings gab es auch im alten Griechenland noch keinen Giroverkehr im modernen Sinne.

Die alten Römer übernahmen zusammen mit der griechisch-hellenistischen Kultur auch das Bankwesen. Sie haben — soweit bekannt — später auch eine Art Giralverkehr praktiziert, allerdings ebenfalls noch keinen im modernen Sinne (d. h. keine bargeldlosen Überweisungen und dgl.). Sie verwendeten aber schon Kreditbriefe und Giroanweisungen zur Auszahlung von Bargeld.

Interessant ist von der Frühgeschichte des Bankwesens für unser Thema (hier also die Entwicklung zum Papiergeld), daß

V. *Die Entwicklung zum Papiergeld*

man sich schon in Staaten der Antike beim Bankgeschäft schriftlicher Aufzeichnungen bediente, um mit ihnen den Geldverkehr zu erleichtern. Man mag in diesen schriftlichen Aufzeichnungen gewisse Vorboten des Papiergeldes sehen.

Das Papier als Geldsubstrat

Nun etwas zur Historie des Papiers:

Das Wort „Papier" kommt von „papyros". Dies ist das griechische Wort für ein im alten Ägypten hergestelltes Schreibmaterial in Blatt- und Rollenform, gewonnen aus der Papyrosstaude. Zum Beschreiben der Papyri dienten Tinte und Rohrhalm. Das Papier hat — wie wir alle wissen — im Laufe der Geschichte eine gewaltige Bedeutung erlangt. Es ist u. a. das Substrat für die schriftliche Kommunikation schlechthin geworden. Damit ist ihm eine ganz besondere Bedeutung für den geistigen Fortschritt der Menschheit zuteil geworden. Es gehört sozusagen zu den vom Weltgeist der Geschichte auserkorenen Materialien (Stoffen). Etwas ähnliches läßt sich übrigens auch vom Gold sagen, also einem anderen wichtigen Substrat für das Geld (und auch von etlichen anderen Stoffen).

Die Chinesen haben spätestens im 1. Jahrhundert nach Chr. Papier zu Urkundenzwecken verwendet. Das haben Funde in der Provinz Kansu bewiesen. Von China aus verbreitete sich das Papier nach Korea und nach Japan. In Ost-Turkestan sind Papierrollen gefunden worden, die aus dem 5.–10. Jahrhundert stammen. Wahrscheinlich von chinesischen Kriegsgefangenen übernahmen Mitte des 8. Jhrh. in Samarkand (Stadt in Mittelasien, und zwar im jetzigen Usbekistan) die Araber das Papier. Sie verbreiteten das Papier über das ganze weite Gebiet des Islam, das sich durch die Eroberungen der Araber ständig ausweitete. Mit der Eroberung der Iberischen Halbinsel durch die Araber und deren weiteres Eindringen in unseren Kontinent bis nach Mittelfrankreich (wo sie im Jahre 732 durch Karl Martell besiegt und gestoppt und dann allmählich[19] aus Europa herausgedrängt wurden) kam das Papier erstmalig nach Europa. In Europa nachweislich erzeugt worden ist das Papier aber erst seit Mitte des 12. Jhrh., sehr wahrscheinlich zuerst in Italien, später auch in Frankreich; in Deutschland erst gegen Ende des 14. Jahrh. – Erst seitdem das Papier auch in Europa erzeugt wurde, kam es in diesem Kontinent zum Papiergeld.

Die oberitalienischen Stadtstaaten und die Lombarden

Es waren – wie erwähnt – die Bankiers, denen die historische Funktion bei dem Entstehen des Papiergeldes zuteil wurde. Das Bankwesen moderner Prägung entstand in Europa in oberitalienischen Stadtstaaten (Genua, Florenz, Venedig) und in der Lombardei. Der Name „Lombardei" kommt vom germanischen Volksstamm der Langobarden, die Mitte des 6. Jhrh. von Nordosten in Italien eingefallen waren und dort ein Reich errichteten, das erst 773–774 durch Karl den Großen erobert wurde. „Lombarden" war ursprünglich die Bezeichnung für privilegierte christliche Kaufleute, die – ähnlich den Juden – Geld gegen Zins verleihen durften, also vom kanonischen Zinsverbot freigestellt waren. Spätestens seit dem 13. Jhrh. wurden italienische Kaufleute in Frankreich (wo sie hauptsächlich in Paris tätig waren), dann aber auch in den Niederlanden und in England unterschiedslos Lombarden genannt; in Deutschland (wo sie in Köln, aber auch in anderen Städten, z.B. Regensburg, Fuß faßten) nannte man sie auch „Kawertschen". Die Lombard Street in London und die Lombardsbrücke in Hamburg erinnern an die Lombarden. Heutzutage versteht man unter „Lombard" und „Lombardieren" die Verpfändung eines Wechsels (und anderer Wertpapiere) an eine Bank, um von dieser ein kurzfristiges Darlehen zu erhalten; früher wurden auch

---

19 Erst 1492 fiel die letzte maurische Bastion in Europa: Granada.

V. Die Entwicklung zum Papiergeld

andere Sachen und Forderungen verpfändet. In der Lombardei war das Geldverleihen gegen Pfänder zuerst praktiziert worden.

Die Lombarden spielten in Europa eine bedeutende Rolle für die Entwicklung des Geld- und Kreditverkehrs im 14. und 15. Jhrh. Im deutschen Köln war ihnen allerdings der Geldwechsel — er war das ursprünglich einzige Geschäft der Lombarden — untersagt, weil dieses Geschäft bis zum Ende des 15. Jhrh. das Monopol einer privilegierten Korporation, den Münzerhausgenossen, gewesen ist. Sie betrieben aber fleißig das Darlehensgeschäft; in Köln nahmen sie für langfristiges Leihgeld 54% Zinsen.

Die Lombarden waren — wie erwähnt — ursprünglich bloße Geldwechsler. In Italien nahm man ihre Hilfe hauptsächlich deswegen in Anspruch, weil in den italienischen Stadtrepubliken vielerlei Münzen mit meist fragwürdigem Gewicht und Feingehalt im Umlauf waren.

Vom Geldwechselgeschäft kam es zum Girogeschäft („giro" ist das italienische Wort für Kreis, Kreisen, Kreislauf). Die unmittelbaren Anlässe für das Entstehen des Giroverkehrs waren es, daß es unterschiedliche Sorten von Metallgeld gab, mit denen umzugehen schwierig war; daß bei einem großen Geschäft die Menge der Münzen kaum zu bewältigen war; daß der Transport größerer Geldbeträge unsicher (diebstahls- und raubanfällig) war.

Die Lombarden nahmen von den Kaufleuten Gelder zur Verwahrung entgegen. Der deponierte Geldbetrag wurde dem Kaufmann im Bankbuch gutgeschrieben: Die Bank führte Konten für ihre einzelnen Geschäftspartner. Auf der Grundlage dieser Gelddepots konnten die Kaufleute ihre gegenseitigen Forderungen verrechnen (Skontrieren — was man später „Clearing" nannte)[20]. Dies geschah dadurch, daß der Bankier in seinem Kontobuch bzw. die Bankiers in ihren Kontobüchern

---

20 Es ist praktisch dieselbe Methode, mit der Skatspieler nach Beendigung ihres Spielens miteinander abrechnen.

den Betrag abbuchten bzw. gutschrieben. Damit war der Giroverkehr geboren. Es war sogar schon der Anfang des bargeldlosen Zahlungsverkehrs und damit der dritten und letzten Evolutionsstufe des Geldes. Man sieht, wie sich der Weltgeist der Geschichte beeilte, seinen Plan durchzusetzen, dem Gelde den Stoffwert (Eigenwert) zu nehmen (wir werden darauf noch detailliert zurückkommen).

Aus dem Girogeschäft entwickelte sich das Depositengeschäft: Die Banken nahmen Einlagen nicht nur von den am Giroverkehr beteiligten Kaufleuten, sondern auch von Dritten entgegen. Das Depositengeschäft wurde immer weiter vervollkommnet. Zunächst gab es allerdings nur das „depositum regulare", d. h. dieselben Münzen, die in Verwahrung gegeben waren, mußten dem Deponenten wieder ausgeliefert werden. Später kam es zum „depositum irregulare", d. h. der Bankier brauchte dem Deponenten nicht mehr dieselben Münzstücke auszuliefern, sondern nur noch Münzen gleicher Art und Güte. Damit wurde der Gegenstand der Verbindlichkeit des Bankiers zu dem, was man heute „Gattungsschuld" nennt. In unserem BGB § 243 ist bestimmt, daß, wer eine nur der Gattung nach bestimmte Sache schuldet, eine Sache von mittlerer Art und Güte zu leisten hat. Schuldgegenstand sind dabei sog. vertretbare Sachen. Dies sind nach der Definition des BGB § 91 bewegliche Sachen, die im Verkehr nach Zahl, Maß oder Gewicht bestimmt zu werden pflegen. Zu ihnen gehören z. B. Geld, Serienmöbel, Kohlen. Vgl. auch BGB §§ 279, 607–610 (Darlehen) und 700 (Sammelverwahrung). Diese Bestimmungen im BGB stammen aus dem Römischen Recht. Beim „depositum irregulare" wurde von dem italienischen Bankier der Wert des Deponierten auf einem Folienblatt einem Konto gutgeschrieben. So konnten Zahlungen durch bloßes Abbuchen nebst Gutschreiben geleistet werden (also bereits bargeldloser Zahlungsverkehr).

Die nächste Entwicklungsstufe war das Darlehensgeschäft. Die Bankiers nutzten das ihnen anvertraute Metallgeld dahinge-

V. Die Entwicklung zum Papiergeld

hend aus, daß sie das Geld anderen (Dritten) gegen Entgelt, nämlich Zins, ausliehen. Zuerst wurde lediglich Metallgeld – nämlich Geldmünzen – ausgeliehen. Die Bankiers nutzten die bei ihnen deponierten Münzgelder auch zum Kauf von Handelswechseln, mit Abzug eines Zwischenzinses (sog. Diskontgeschäft). Hatten ursprünglich die Deponenten den Bankiers ein Entgelt gewähren müssen, nämlich für die Aufbewahrung des Metallgeldes, so gewannen mit der Darlehensgewährung an Dritte nebst dem Wechseldiskont nunmehr die Bankiers ein eigenes geschäftliches Interesse daran, Geld als Einlage zu erhalten. Mit dem Darlehensgeschäft gesellte sich zum Passivgeschäft ein Aktivgeschäft der Banken. Erst damit entstand der Bankier im eigentlichen Sinne; die Nutzung der Einlagen zu Darlehenszwecken markiert einen historischen Meilenstein. Natürlich verlangten die Banken von den Borgern einen höheren Zins als den, welchen sie den Einlegern gewährten. Es entstand das Gefälle, das man heute „Zinsspanne" nennt und das der eigentliche und hauptsächliche Verdienst der Banken geworden ist. Der Bankier nimmt – um es bildlich zu verdeutlichen – mit der linken Hand leihweise Geld herein, um es mit der rechten Hand einem anderen auszuleihen. Für das ausgeliehene Geld, also für die Rückzahlung des Kredits, trägt die Bank das Risiko. Ihr Lohn hierfür und für ihre Tätigkeit, für den Nichtbankensektor fachkundig als Mittler zwischen dem gesparten und nach (zinsbringender) Anlage suchendem Geld und dem als Darlehen gewünschten, nachgefragten Geld zu fungieren, ist die Zinsspanne, also die Differenz zwischen den Sollzinsen und den Habenzinsen.

Eine weitere Entwicklungsstufe war es, daß einige Banken zur Darlehensgewährung nicht mehr die bei ihnen deponierten Geldmünzen benutzten, sondern an deren Stelle unverzinsliche Inhaberpapiere ausgaben. Diese Papiere verkörperten und dokumentierten die Verpflichtung der ausstellenden Bank, gegen Präsentierung des Papiers die im Papier vermerkte Summe jederzeit in Bargeld auszuzahlen. Das Papierstück verbriefte also eine („täglich") fällige Forderung gegen eine Bank auf Metallgeld. So kam es von der bloßen Depotquittung zum Papiergeld der ersten Stufe, bei der also das Papierstück die Funktionen des Metallgeldes übernahm und dieses bis zu einem gewissen Grade ersetzte, wobei allerdings das Papierstück immer nur die Verbriefung einer Forderung auf Metallgeld — als das eigentliche „Geld" — gegen eine Bank war. Das Papierstück hatte also eine vom Metallgeld abhängige Funktion und blieb auch dessen Wert streng untergeordnet.

Mit der Zeit gaben die Banken Noten ohne Depot aus, d. h. mehr Noten, als sie überhaupt Hartgeld hatten. So vermehrten sie — durch Kreditgewährung — die Menge der umlaufenden Noten über ihren Vorrat an Metallgeld hinaus. Nach den allmählich gewonnenen Erfahrungen genügte die bankmäßige Deckung der ausgegebenen Noten durch gute Handelswechsel oder andere kurzfristig fällig werdende Forderungen. Die Unverzinslichkeit der Noten war von Anfang an ein wesentliches Merkmal des Papiergeldes. So entstand allmählich — ausgehend von den italienischen Geldhändlern — in den ersten Jahrhunderten der Neuzeit das Bankwesen moderner Prägung, das sich mit der Zeit immer weiter vervollkommnet und verfeinert hat.

Die Londoner Goldschmiede

Sehr anschaulich und gleichsam typisch verlief die Entwicklung zum Papiergeld in England. Sie verlief fast modellartig und mutet an wie einem Lehrbuch entnommen. Obwohl sie im Grunde nur eine Wiederholung dessen war, was bereits die Lombarden und die ihren Praktiken folgenden Banken auf dem europäischen Kontinent vorexerziert hatten, ist die Entwicklung in England wegen ihrer Logik und Folgerichtigkeit aufschlußreich; es empfiehlt sich daher, ihr im einzelnen nachzugehen:

V. Die Entwicklung zum Papiergeld

Die Quellen für diesen Teil der Historie sind das überlieferte Material über Londoner Goldschmiedsfirmen sowie die Akten des Archivs der 1694 gegründeten Bank of England. Die einschlägige Entwicklung begann Mitte des 17. Jahrhunderts. Damals war London nicht nur eine häufig sehr neblige, sondern überdies nachts unbeleuchtete und unsichere Stadt. Für die Einwohner war es gefährlich, ihr Gold — also das damalige wertvolle Geld — nachtsüber bei sich zu behalten. Vor allem die Geschäftsleute brachten daher ihr Gold bei Tage zu einem Goldschmied, der Einrichtungen zur sicheren Verwahrung hatte. Die Verwahrung des Goldes diente in der ersten Zeit lediglich dem Interesse des Einlegers (Deponenten). Über das in Verwahrung gegebene Gold gab der Goldschmied dem Einleger eine Quittung (Depotschein, „promissory note"). Am nächsten Tag konnte der Einleger sein Gold bei Bedarf wieder abholen.

Im Laufe der Zeit sahen die Einleger, von denen die meisten Geschäftsleute waren, immer mehr davon ab, sich ihr Gold von einem Tag zum andern abzuholen; sie begnügten sich mit der Quittung. Sodann bürgerte es sich ein, daß die Depotquittungen zur Legitimation des Berechtigten auf den Namen oder auf den Inhaber gestellt wurden und anstelle des hinterlegten Goldes zu Zahlungen verwendet wurden. Der Erwerber (neuer Inhaber) der Depotquittung konnte dann über das beim Goldschmied hinterlegte Gold verfügen. Die Depotquittungen waren damit zu Geld geworden, was ebenfalls einen historischen Meilenstein darstellt. Das Papiergeld war also eine verbriefte Forderung gegen einen bestimmten Goldschmied auf Auskehrung einer bestimmten Menge Gold. Es war ein Goldsurrogat. Dieses Papiergeld erleichterte den Zahlungsverkehr, da Papier ja ein erheblich geringeres Gewicht als Gold hat und viel einfacher als dieses transportiert werden kann; hinzu kam eine höhere Sicherheit, da die Depotquittungen für einen Dieb oder Räuber weit weniger begehrenswert waren als Gold. Mit diesen materiellen Vorzügen gegenüber dem Metall begann das Papier, die Position zu erobern, gerade für größere Geldeinheiten

Die Londoner Goldschmiede

als Substrat zu dienen und sich so allmählich über das Metallgeld zu erheben; dazu hatte das Papiergeld allerdings noch einen weiten Weg mit vielen Hindernissen zurückzulegen. Mit den genannten Vorzügen gegenüber dem Metall erlangte das Papier allmählich immer mehr die Funktion des Substrats für Geld. Die Papiergeldwirtschaft hatte begonnen und nahm – trotz mancherlei historischer Rückschläge – ihren Lauf bis zum Siegeszug über die Metallgeldwirtschaft.

Bilanzmäßig gesehen, betrieben die Londoner Goldschmiede zunächst nur das „Passivgeschäft". Damit waren sie noch keine Bankiers im heutigen Sinne, sondern lediglich gewerbliche Verwahrer (von Gold). Dies änderte sich aber mit der Zeit: Die Goldschmiede begannen allmählich, das bei ihnen eingelagerte Gold an Dritte auszuleihen – gegen ein Entgelt. Damit nutzten sie die Erfahrungstatsache, daß das bei ihnen deponierte Gold oft über längere Zeit nicht wieder abgeholt wurde, zu geschäftlichen Zwecken aus. Zu dem Passivgeschäft der Goldschmiede kam so ein Aktivgeschäft hinzu. Damit wurden die Goldschmiede zu regelrechten Bankiers. Sie nannten sich aber weiterhin noch lange Zeit Goldschmiede („goldsmiths").

Anfänglich liehen die Goldschmiede das Gold lediglich in natura aus. Später aber gewährten sie den Kredit in Form von Depositenscheinen, also in Papieren, die ein Forderungsrecht auf Gold begründeten. Ihrer Form nach waren es Depotscheine der gleichen Art, wie sie der Goldschmied ursprünglich dem Hinterleger des Goldes gegeben hatte. So wurden alle diese vom Goldschmied ausgestellten Depotscheine bzw. Depositenscheine gleichermaßen zu Papiergeld. Dieses wurde immer mehr anstelle des Goldes zu Zahlungszwecken verwendet; der Goldschmied (Bankier) wurde gleichzeitig immer mehr zu einem langfristigen Aufbewahrer (oder sogar Daueraufbewahrer) des Goldes.

V. Die Entwicklung zum Papiergeld

Vom Depotschein zur Banknote

Die Geschichte der Banknote kann man mit den „fedi di credito" beginnen lassen, die von der im Jahre 1552 gegründeten Bank von Palermo und von den sieben zwischen 1584 und 1597 in Neapel errichteten öffentlichen Banken ausgegeben wurden. Es handelt sich dabei um Depositenscheine, deren Zirkulation allerdings dadurch erschwert war, daß sie nur durch Indossament weitergegeben werden konnten, wobei die Unterschrift auch noch notariell zu beglaubigen war. Die „fedi di credito" wurden nur in Süditalien und in Genua verwendet.

Auch die von den Londoner Goldschmieden ausgegebenen Depotquittungen waren faktisch bereits Banknoten, nachdem man dazu übergegangen war, sie zu Zahlungen zu verwenden. Sie wurden lediglich nicht als solche bezeichnet, da ja – wie erwähnt – die Londoner Goldschmiede sich noch „goldsmiths" nannten, nachdem sie der Sache nach bereits „bankers" geworden waren.

Es führt ein direkter Weg, eine allmähliche Entwicklung, von den Depotquittungen über die Depositenscheine zur Banknote. Letztlich ist es nur eine Sache der Bezeichnung, also des Wortes.

Banknoten hat bereits die Bank von Stockholm 1661–1664 ausgegeben. Deren Praxis war aber nur ein episodenhaftes Experiment.

In großem Stil und sehr erfolgreich wurde das Notenemissionsgeschäft von der 1694 gegründeten Bank of England praktiziert. Diese war als private Aktienbank mit Sitz London gegründet worden mit dem ursprünglichen Zweck, den nach dem Sturz James II. auf den Thron erhobenen William III. finanziell zu stützen, hauptsächlich um Kriegskosten zu finanzieren; hierzu lieh sie ihr gesamtes Aktienkapital von 1,2 Mio. Pfund an den englischen Staat. Sie erhielt das Recht, Noten auszugeben, die 1834 zum gesetzlichen Zahlungsmittel erklärt wurden

Vom Depotschein zur Banknote

und deren Ausgabe durch die Peel'sche Bankakte begrenzt wurde. Die Bank of England unterschied sich von der 1695 gegründeten Bank of Scotland durch ihren mehr staatlichen Charakter.

John Law (1671-1729), Sohn eines reichen schottischen Bankiers, beobachtete aufmerksam, wie Depositenscheine ohne entsprechende Bargelddeckung die Rolle des Metallgeldes übernahmen. Er entwickelte neue Ideen dazu, kam aber mit ihnen in Schottland und England nicht an. Darum ging er nach Frankreich und errichtete 1716 in Paris eine Privatbank, die Banque Générale, die ihr Kapital durch Subskription von Aktien aufbrachte und die von den Aktionären selbst geleitet werden sollte. Sie sollte die zerrütteten französischen Staatsfinanzen sanieren und, wie Law versprach, darüber hinaus Frankreich wohlhabend und mächtig machen. Law's Rezept war eine Geldschöpfung, bei der als Deckung die neu emittierten Aktien einer Kolonialgesellschaft dienten. Nach einigen Jahren eines spekulativen Rausches brach Law's Finanzsystem vollkommen zusammen. Law entging nur mit Mühe der Lynchjustiz des Volkes. Law's Gegenspieler Richard Cantillon (1680-1734) mißtraute von vornherein den Kreditpapieren Law's und setzte auf das gute, alte Metallgeld; er behielt damals recht.

Es war seinerzeit ziemlich leicht, sich durch Ausgabe von Banknoten Geld zu verschaffen. Deshalb gründeten viele Fürsten, die große Finanzbedürfnisse hatten, selbst Banken. Manche Notenbanken ließen sich bald in riskante Geschäfte ein, die zum Zusammenbruch vieler Banken führten. Die früh erkannten Mißbräuche des Zettelbankwesens veranlaßte die Staatsgewalt, das Recht für sich in Anspruch zu nehmen, neue Notenbanken selbst ins Leben zu rufen oder deren Gründung nur kraft besonderer Privilegierung zuzulassen und auch bei bereits bestehenden die Konzession gegebenenfalls zu widerrufen.

So entstanden neben den kleinen privaten Notenbanken größere Zentralbanken unter staatlicher Aufsicht oder regelrechte Staatsbanken mit dem Recht der Notenausgabe.

V. Die Entwicklung zum Papiergeld

Eine der ersten deutschen Notenbanken war die 1765 in Berlin gegründete „Königliche Giro- und Lehnbanque". Sie entwickelte sich später zur Deutschen Reichsbank.

In Frankreich hat es gegen Ende des 18. Jahrhunderts die sogenannten Assignaten gegeben, ein Kind der Französischen Revolution. Es war eine Art Papiergeld. Es waren, im Vergleich zu unseren heutigen Banknoten, äußerlich primitive Papiere; sie unbefugt nachzuahmen, war mit Todesstrafe bedroht. Auf die 1789 enteigneten Güter der Kirche wurden 400 Mio. Livres in Assignaten in Umlauf gesetzt. Später wurden auch auf die enteigneten Güter des Königs und auf die Vermögen der Emigranten Assignaten ausgegeben. Die Assignaten waren ursprünglich verzinsliche Staatsobligationen zur Deckung des Haushaltsdefizits. 1790 wurde ein Zwangskurs festgesetzt. Die Staatsausgaben stiegen. Die Wohlhabenden konnten nicht genügend besteuert werden, um die Staatsausgaben zu decken. Eine Inflation begann. Die Assignaten wurden schrankenlos vermehrt. Bis Ende 1796 hatte man Assignaten im Nominalwert von 45,6 Mrd. Livres ausgegeben. Anfang 1791 wurden sie mit 90%, Ende 1794 mit 22%, schließlich nur mit 1/833 des Nominalwerts angenommen. Im Februar 1796 wurden die Assignaten außer Kurs gesetzt und zu 1/30 ihres Nominalwerts gegen ein neues Papiergeld, die „Territorialmandate", umgetauscht. Diese sollten sich von den Assignaten dadurch unterscheiden, daß das Emissionsvolumen streng auf 2,4 Mrd. Livres beschränkt werden sollte; in Höhe dieses Betrages waren sie durch Güterwerte „gedeckt" nach einer Schätzung von 1790. Sie erhielten gleichfalls Zwangskurs, sanken aber rasch auf 2 und 3%, schließlich bis 1/4000 des Nominalwertes. Im Mai 1797 erklärte ein Dekret alle Assignaten für ungültig, die noch nicht gegen Territorialmandate ausgewechselt waren. Die Assignaten wurden dann gänzlich aus dem Verkehr gezogen.

Rückblickend muten die Assignaten der Französischen Revolution wie ein Strohfeuer an. Sie waren aus der Not heraus geboren. Der Staat brauchte dringend Geld. Durch eine galoppie-

Vom Depotschein zur Banknote

rende Inflation wurde dieses Papiergeld schließlich völlig wertlos und verschwand im Archiv der Geschichte.

In England brauchte William III., nachdem er den Thron bestiegen hatte, sehr viel Geld, um seine Pläne durchzuführen. Die Goldschmiede hatten auf seiten des gestürzten Monarchen James II. gestanden. Sie kamen daher als Geldleiher für William III. nicht in Betracht. Überdies waren sie angesichts des Umfangs des geforderten Kredits finanziell zu schwach. Deswegen schloß sich eine größere Anzahl vermögender Kaufleute und Manufakturisten zusammen, um gemeinsam die für die damalige Zeit gewaltige Summe von 1,2 Mio. Pfund Sterling aufzubringen. Die Geschäftsleute konnten aber auf den relativ großen Betrag, den jeder einzelne von ihnen gezeichnet hatte, in ihrem Geschäft nicht verzichten. Deshalb räumte der Staat der von ihnen gebildeten Korporation das Recht ein, Noten in Höhe der Staatsschuld zu emittieren. Gleichzeitig erhielt die auf diese Weise 1694 gegründete Bank of England das Privileg, daß außer ihr keine andere Gesellschaft in London und dessen Umgebung Noten ausgeben durfte. Neben der Bank of England behielten die Londoner Privatbankiers und die Banken außerhalb des Umkreises von London, die Provinzbanken, das Recht der Notenemission. Hinsichtlich der Bank of England bestand also eine enge Verbindung zwischen Staat, Staatsschulden und Bankgeschäft. Dies nutzte die Bank of England geschickt dazu aus, ihre Monopolstellung zu festigen. Mitte des 18. Jhrh. wurde sie Schuldenverwalterin und Kassenführerin für den Staat. Andererseits gewährte sie allzu bereitwillig Kredit, besonders dem Staat. Deswegen geriet sie später in erhebliche finanzielle Schwierigkeiten. Den Ausgaben, welche die Napoleonischen Kriege mit sich brachten, war sie nicht gewachsen.

Mit der Peel'schen Bankakte 1844 und ihren strengen Deckungsvorschriften beschränkte man die Banknotenausgabe mehr, als es dem Verkehr zuträglich war. Die Geschäftswelt bediente sich daher in steigendem Umfange der Möglichkeit, bargeldlos zu zahlen. In England gab es neben der Bank of Eng-

V. Die Entwicklung zum Papiergeld

land reine Depositenbanken, die dem bargeldlosen Zahlungsverkehr dienten. Dieser erlangte daher in England nachhaltig eine viel größere Bedeutung als auf dem Kontinent, wo die Banknotenemission nicht so eng begrenzt wurde.

Die Zentralnotenbanken

In England war 1844 durch die Peel'sche Bankakte das Notenbankwesen weitgehend zentralisiert worden. Schon damals hatten viele dafür plädiert, das Recht zur Notenemission für ganz England ausschließlich der Bank of England zu übertragen. So streng wollte dann aber der Gesetzgeber nicht sein. Immerhin wurde mit der Bankakte 1844 verhütet, daß noch mehr notenemittierende Institute entstanden; zugleich wurde darauf hingewirkt, daß das Emissionsrecht der bestehenden Notenbanken allmählich auf die Bank of England überging. Mit der Peel'schen Bankakte war die gesetzliche Grundlage für eine den neuzeitlichen Bedürfnissen entsprechende Notenbank geschaffen worden. Es wurden strenge Deckungsvorschriften (Deckung des Banknotenumlaufs durch Edelmetall) erlassen. Die bereits 1844 angestrebte Zentralisierung des Rechts zur Notenemission wurde dann ohne weitere gesetzgeberische Eingriffe 1921 erreicht; in diesem Jahr erlosch das letzte private Notenausgaberecht.

Aufgrund der Erfahrungen in England sah man auch in anderen Staaten mehr und mehr ein, daß den Notenbanken besondere gesamtwirtschaftliche und staatliche Aufgaben zukommen. In den Staaten Europas verstärkte sich die Tendenz, die Notenausgabe bei einer Zentralbank zu monopolisieren. Verwirklicht wurde dies allerdings in den meisten Staaten nur langsam.

Im Jahre 1800 war die Bank von Frankreich gegründet worden. 1803 erhielt sie durch ein Gesetz zunächst für fünfzehn Jahre das ausschließliche Recht, Noten zu emittieren. Als Frankreich wieder ein Königreich wurde, wurde vorübergehend die Grün-

Die Zentralnotenbanken

dung von Notenbanken in mehreren Provinzstädten gestattet; die Notenbanken mußten zu jeder Zeit eine Reserve in Edelmetallgeld in Höhe eines Drittels ihrer Notenverbindlichkeiten halten, wogegen die Bank von Frankreich keine entsprechende Reservepflicht hatte.

Das genannte Notenausgabeprivileg der Bank von Frankreich wurde immer wieder verlängert. Dabei wurde regelmäßig das einschlägige Gesetz geändert; diese Änderungen betrafen aber mehr die Kreditbeziehungen des Staates zur Bank und die staatlichen Gewinnanteile als das Notenausgaberecht. Bis zum Ersten Weltkrieg gab es für die Bank von Frankreich keine besonderen Deckungsvorschriften. Die Bank war lediglich generell verpflichtet, einen Vorrat an Barrengold und sicheren Wechseln zu halten, der jederzeit die Einlösung ihrer Noten gewährleistete. Doch war die Gesamtsumme der Noten begrenzt. Diese Grenze wurde aber den steigenden Anforderungen der Wirtschaft an Papiergeld oftmals angepaßt, also erweitert. Bereits 1848 hatte die Bank von Frankreich das Recht erhalten, für das gesamte französische Staatsgebiet Noten auszugeben.

In Deutschland gab es 1871, als das Deutsche Reich gegründet wurde, 33 Notenbanken. Es gab viele Arten von Banknoten und anderem Papiergeld. Diese Vielfalt verwirrte die Wirtschaft sehr. Deshalb errichtete man durch ein Gesetz 1875 eine Zentralbank, die Reichsbank, in welche die Preußische Bank übergeleitet wurde. Es war ein gutes, für seine Zeit sehr modernes Gesetz. Es verwertete die Erfahrungen der Zentralnotenbanken der anderen Staaten. Die Notenausgabe wurde elastischer gestaltet als bei der Peel'schen Bankakte mit ihrer starren Kontingentierung. Allerdings ließ das Gesetz der Reichsbankleitung nicht gänzlich freie Hand in der Notenausgabe. Das Notenemissionsvolumen wurde kontingentiert; doch wurde das Kontingent entsprechend den Bedürfnissen der rasch wachsenden Wirtschaft im Laufe der Zeit mehrmals erhöht. Kontingentsüberschreitungen waren gegen Entrichtung einer Notensteuer möglich, die 5% betrug. Die Reichsbank machte von die-

V. Die Entwicklung zum Papiergeld

ser Möglichkeit auch mehrmals Gebrauch; dabei setzte sie entgegen den Erwartungen, die mit der Notensteuer verbunden worden waren, den Diskontsatz nicht herauf, womit sie volkswirtschaftlichen Bedürfnissen den Vorzug über eigenes Gewinnstreben gab. Die Reichsbank war verpflichtet, für das Volumen der von ihr emittierten Noten zu jeder Zeit mindestens ein Drittel in kursfähigem deutschem Geld, Reichskassenscheinen oder in Gold in Barren oder ausländischen Münzen als Deckung in Reserve zu halten. Die Reichskassenscheine waren ein Papiergeld, das seit 1874 in eng begrenztem Umfang ohne Deckung emittiert wurde. Nachdem Deutschland zur Goldwährung übergegangen war, mußten die Banknoten jederzeit in Gold eingelöst werden. Durch eine Novelle zum Reichsbankgesetz wurde 1909 den Reichsbanknoten unbeschränkte gesetzliche Zahlungskraft zuerkannt. Damit wurde lediglich das juristisch sanktioniert, was im Verkehr längst selbstverständlich war. 1909 erhielten (mit Wirkung vom 1. Januar 1910) die Reichsbanknoten die Rechtsstellung, welche die Noten der Bank of England bereits seit 1833 hatten. Das Reichsbankgesetz 1875 hatte zunächst noch den 32 anderen Notenbanken das Recht belassen, Noten auszugeben. Im Laufe der Zeit verzichteten aber immer mehr dieser privaten Notenbanken auf ihr Notenausgaberecht. 1889 gab es in Deutschland außer der Reichsbank 15 Notenbanken, 1900 nur noch 7 Notenbanken und 1935 noch 4 Notenbanken neben der Reichsbank (je eine für Bayern, Württemberg, Baden und Sachsen, was auf dem Gesetz über private Notenbanken von 1924 beruhte). 1935 erhielt die Reichsbank das alleinige Recht der Notenausgabe.

In den USA schuf man erst kurz vor dem Ersten Weltkrieg, um die Notenausgabe zu zentralisieren, ein Bundesreservesystem mit strengen Reservierungsverpflichtungen und Deckungsvorschriften. Eine Deckung des Notenumlaufs zu 100% wurde vorgeschrieben, davon zu mindestens 40% in Gold. Der Rest mußte durch gute Wechsel oder andere „commercial papers" gedeckt sein. Dem Federal Reserve Board wurde das Recht zugestanden, jede Notenausgabe zu bewilligen oder abzulehnen und eine Notensteuer auf alle nicht voll durch Gold gedeckten Noten vorzuschreiben. Jede Mitgliedsbank des Federal-Reserve-Systems mußte beim Schatzamt der USA ein Golddepot von 5% der nicht durch Gold gedeckten Noten unterhalten. Damit wurde bezweckt, dem Schatzamt einen Fonds zu geben, damit die Noten bei Vorlage jederzeit in Gold eingelöst werden konnten. Die gesetzlichen Bestimmungen sind später mehrfach erheblich geändert worden.

Verdrängung des Edelmetallgeldes durch das Papiergeld

In der Geschichte des Geldes hatten jahrhundertelang die Edelmetalle — hauptsächlich Silber und Gold — dominiert. Dabei hatte zuletzt das Gold eine großartige Entwicklung genommen, die sich bis in das 20. Jahrhundert hinein ausdehnte. Die industriellen Staaten hatten mit steigendem Wohlstand die Goldwährung eingeführt; das Silber war demgegenüber als Geldsubstrat in den Hintergrund getreten. Das Gold war zum „Geld" schlechthin geworden. Es war der allgemeine Wertmaßstab der materiellen Dinge. Gold war auch das internationale Zahlungsmittel. Es gab dabei einen Goldautomatismus mit „Goldpunkten"; die Goldwährung hatte ihre Spielregeln.

Das Papiergeld war nur akzessorisch, nämlich an den Goldwert gebunden und dem Golde untergeordnet. Es wurde jederzeit auf Verlangen von der Notenbank gegen Gold eingetauscht.

Indessen hatte sich das Papiergeld im Laufe der Zeit ständig vermehrt. Es mußte als Geld das Gold mehr und mehr ergänzen, da das Gold zu knapp wurde, die monetären Bedürfnisse der Wirtschaft und des Staates zu befriedigen. Das Volumen des Papiergeldes war schneller gewachsen als das Volumen des Goldes. So überwucherte allmählich das Papiergeld das Gold-

V. Die Entwicklung zum Papiergeld

geld. Doch wurde es von den Staaten mit Hilfe des Goldes unter Kontrolle gehalten.

Gelegentlich hatte in ein und demselben Land das Papiergeld einen höheren Kurs als das Metallgeld; dies war aber ein seltener Ausnahmefall.

Die Dinge waren unter der Herrschaft des Goldes wohlgeordnet, schienen gefestigt und versprachen langen Bestand. Die Menschen waren optimistisch und fortschrittsgläubig; man wähnte, „herrlichen Zeiten entgegenzugehen" (Ausspruch Kaiser Wilhelms II.). Doch dann kam es plötzlich zu einem historischen Ereignis, das die Herrschaft des Goldes jäh beendete. Dies war der Ausbruch des Ersten Weltkrieges. Einige Vorboten und böse Ahnungen hatten sich allerdings schon seit ungefähr einem Jahrzehnt vor dem Kriegsausbruch zu Lasten des Goldgeldes und zugunsten des Papiergeldes binnenwirtschaftlich ausgewirkt. Mit dem Kriegsausbruch sah das Papiergeld, das schon wohlgerüstet bereitstand, seine große Stunde gekommen, das Gold zu schlagen. Den Kriegskosten der Staaten – abgesehen von den USA – war das Gold nicht gewachsen. Die Staaten mußten durch Kriegsanleihen ihre Kriegskosten finanzieren, was nur durch Papiergeld möglich war. Die Papierflut ertränkte schließlich die Edelmetalle. Der Knecht, das Papier, erhob sich über den Herrn, das Gold.

Die Deckungsvorschriften erwiesen sich als wirkungslos. Sie haben eine weitaus geringere Bedeutung erlangt, als ihnen zugedacht war. Denn entscheidend für den Wert des Geldes, also für dessen Kaufkraft, sind nicht Art und Höhe der Deckung, sondern das Verhältnis zwischen der Menge des Geldes, mit dem wirksame Nachfrage getätigt wird (von J. M. Keynes „efficient demand" genannt) – nebst der Umlaufgeschwindigkeit dieses Geldes – einerseits und der Menge und Qualität der Güter andererseits, die mit dem Gelde gekauft werden können (sog. modifizierte Quantitätstheorie). Im Notfall, besonders bei starken Finanzbedürfnissen des Staates, wie sie ein großer

Verdrängung des Edelmetallgeldes durch das Papiergeld

Krieg erzeugt, konnten die Deckungsvorschriften nicht mehr eingehalten werden. Abgesehen davon sind die Deckungsvorschriften ohnehin mit der Zeit durch das Anwachsen des von den Geschäftsbanken „geschöpften" Giralgeldes (Buchgeldes) unterlaufen und ausgehöhlt worden. Sie wurden schließlich illusorisch.

In Frankreich hatte sich von Ende 1914 bis Ende Juni 1924 der Notenumlauf fast verzehnfacht.

England konnte den Kosten des Ersten Weltkrieges etwas besser begegnen. Allerdings mußte es im Laufe dieses Krieges sein Prinzip, nach dem Noten der Bank of England hauptsächlich durch Gold und nur zu einem kleinen Teil, der sogenannten fiduziären Emission, durch Schuldverschreibungen der Regierung gedeckt sein sollen – wozu jederzeit 14 Mio. Pfund Sterling in Reserve zu halten waren –, durchbrechen.

Die USA hatten von allen kriegführenden Staaten am wenigsten Mühe, mit den Kriegskosten fertig zu werden. Als Hauptfinanzier der siegreichen Allianz haben sie sogar Gold dazugewonnen.

Am schlimmsten traf der Erste Weltkrieg die besiegten Staaten. Seine Folge war eine galoppierende Inflation. In Deutschland wurden erst 1924 die monetären Verhältnisse wieder geordnet.

England versuchte 1925, zur guten, alten Goldwährung zurückzukehren. Dies war ein gewagtes Experiment. Es scheiterte völlig, da es Deflation mit ihrer häßlichsten Seite, der Arbeitslosigkeit, erzeugte. 1928 etablierte England eine gänzlich neue Währungsordnung, und zwar durch die „Currency and Banknotes Bill". Dieses Gesetz ermächtigte die Bank of England, den ungedeckten Notenumlauf auf 260 Mio. Pfund Sterling zu erweitern. Außerdem ermöglichte das Gesetz es der Bank, das nicht durch Gold gedeckte Notenvolumen befristet zu ändern, vorausgesetzt, daß das Schatzamt zustimmte. Von dieser Möglichkeit hat die Bank of England dann mehrmals Gebrauch gemacht.

V. Die Entwicklung zum Papiergeld

Frankreich – ein Land mit großen Goldhorten in den Händen Privater – führte 1928 eine „Goldwährung" ein, im Rahmen derer die Bank von Frankreich nunmehr verpflichtet war, das ihr angebotene Gold zu einem bestimmten, gesetzlich festgeschriebenen Kurs zu erwerben. An ihrem Hauptsitz brauchte die Bank aber die Noten nur in einem Umfang einzulösen, der jeweils dem Gewicht eines Goldbarrens entsprach. Der Goldbestand sollte mindestens 35% des Notenumlaufs und der täglich fällig werdenden Verpflichtungen betragen. Dies war also in Frankreich etwas Neues, da bis dahin die Notenemission nur durch die Festsetzung eines Höchstbetrages begrenzt war.

In der Folgezeit weitete sich in allen Staaten der Papiergeldumlauf mit progressivem Trend stark aus. Das Gold reichte immer weniger zur Deckung bzw. Einlösung aus. So kam es dazu, daß in einem Staat nach dem anderen das Papiergeld das Edelmetallgeld von seinem Thron stürzte und diesen nun selbst einnahm. Das Papiergeld hat schließlich das Edelmetallgeld in der ganzen Welt besiegt. Die Quantität hat die Qualität geschlagen.

Anerkennung des Papiergeldes als gesetzliches Zahlungsmittel

In Deutschland wurden zum 1. Januar 1910 die Banknoten mit gesetzlicher Zahlungskraft und Zwangskurs (Mark = Mark) ausgestattet. 1914 wurde ihre Einlösbarkeit aufgehoben. Damit waren die Banknoten vollwertiges Geld geworden. Jeder inländische Gläubiger einer Geldforderung mußte sie annehmen, wenn er nicht in Annahmeverzug (BGB §§ 293 ff.) kommen wollte; er konnte nicht statt Banknoten Geldmünzen vom Schuldner verlangen. Somit war also das Papiergeld aufdrängbares Zahlungsmittel geworden. Das von der Zentralbank ausgegebene Geld – also die Banknoten –, nicht auch die Münzen, wurde sogar zum alleinigen gesetzlichen Zahlungsmittel erklärt. Damit ist das Papiergeld gesetzlich sogar über das Metallgeld erhoben worden. Doch ist auch das Münzgeld, allerdings nur bis zu bestimmten Höchstbeträgen, gesetzliches Zahlungsmittel geblieben.

In England wurden 1928 die Noten der Bank of England zum alleinigen gesetzlichen Zahlungsmittel des Vereinigten Königreichs erklärt. Der englische Fachausdruck ist „legal tender". 1931 wurde die Goldeinlösungspflicht aufgehoben, womit die 1925 versuchte Rückkehr zur alten Goldwährung in jeder Beziehung ihr Ende gefunden hat.

In den anderen Staaten verlief die Entwicklung entsprechend oder ähnlich. Lediglich die Zeitpunkte, zu denen das Papiergeld zum gesetzlichen Zahlungsmittel wurde bzw. die Goldeinlösungspflicht gegenüber dem Papiergeld aufgehoben wurde, waren verschieden.

Gold nur noch als internationales Zahlungsmittel und als Reservemedium

Binnenländisch hatte das Gold − wie gezeigt − schon mit dem Beginn des Ersten Weltkrieges seine Rolle als Geld weltweit ausgespielt.

Das Gold erfüllte aber fortan noch eine wichtige Rolle als internationales Zahlungsmittel und als Reservemedium der Zentralbanken.

Auch nach dem Zweiten Weltkrieg bediente man sich weiterhin des Goldes als internationales Zahlungsmittel und Verrechnungseinheit. Als Pfeiler dieser Praxis dienten die USA mit ihrem Dollar. Die USA hatten besonders im Zusammenhang mit den beiden Weltkriegen viel Gold an sich gezogen. Auch erlangten sie ihre Vorzugsstellung aufgrund ihrer wachsenden wirtschaftlichen Stärke und Prosperität. Die Entwicklung war − in groben Zügen dargestellt − folgendermaßen verlaufen: Durch den Ersten Weltkrieg waren die USA von einem Schuld-

V. Die Entwicklung zum Papiergeld

nerland zu einem Gläubigerland geworden. Ihnen war viel Gold zugeflossen, das sie von Staats wegen im eigenen Land thesaurierten. Sie waren zur Weltwirtschaftsmacht Nummer 1 aufgestiegen und hatten damit England vom ersten Platz verdrängt. Ihre Forderungen gegen die Bundesgenossen aus der Kriegsfinanzierung trieben sie – soweit möglich – auch ein. Den Schuldnerstaaten blieb meist nichts anderes übrig, als in Gold zu zahlen – soweit sie solches hatten[21]; gegen Warenimporte schirmten sich die USA mit hohen Zöllen ab. Das Gold wurde von den Bundesreservebanken (Federal Reserve System) thesauriert. Es kam nicht in den Wirtschaftskreislauf, wurde also nicht etwa zum Kurantgeld. Aufgrund des Gold Reserve Act von 1934 mußten die Bundesreservebanken ihren gesamten Goldbestand an das Schatzamt abliefern. Seitdem dienten der – nach dem Ersten Weltkrieg vorgeschriebenen – 40%igen Golddeckung Goldzertifikate oder Goldforderungen an das Schatzamt. Dem amerikanischen Bürger war es mit Androhung von Gefängnisstrafen verboten, Gold in Form von Barren zu besitzen. Dieses Verbot ist erst in den 70er Jahren aufgehoben worden, im Zusammenhang mit der Suspendierung der Verpflichtung der USA, Dollarforderungen ausländischer Zentralbanken usw. auf Verlangen in Gold einzulösen[22].

1944 wurde, um ein geordnetes Weltwährungssystem nach dem bevorstehenden Kriegsende zu bekommen, das Abkommen von Bretton Woods geschlossen. Die damals beteiligten 35 Staaten einigten sich, die nationalen Währungen wieder in nominelle Beziehungen zum Gold zu bringen, um damit einen allgemeinen Maßstab für die Wechselkursparitäten zu haben. Eine Rückkehr zur reinen, „klassischen" Goldwährung, bei der also Stoffwert und Nennwert des Goldes übereinstimmten, kam nicht in Frage. Vielmehr wurde eine bloße „Goldkernwäh-

---

21 Seine Schulden voll bezahlt hat allerdings nur ein einziger Staat: Finnland.

22 Den Bürgern der Sowjetunion ist es – soweit bekannt – noch heute verboten, Goldbarren zu besitzen.

Gold nur noch als internationales Zahlungsmittel

rung" in Aussicht genommen: Gold ist Währungsmetall, aber es ist nicht in Umlauf. Die Zentralnotenbanken halten eine Goldreserve, und zwar lediglich für Zahlungen an das Ausland und für andere internationale Ausgleichsoperationen[23]. Dazu wurden Bestimmungen vereinbart, mit denen der Goldpreis international stabil gehalten werden sollte. Aus einem Goldfonds von 8,8 Mrd. US-Dollar sollte nach festgelegten Regeln den Mitgliedsstaaten des Abkommens bei Bedarf Kredit gewährt werden. Anstelle einer starren Bindung des Geldes und der Währungen an das Gold sollte nur eine Verbindung mit dem Golde aufrechterhalten werden; eine Wertanpassung je nach den Zeitumständen sollte möglich sein. Eine Unabhängigkeit der nationalen Währungspolitik sollte gewahrt werden, vor allem im Interesse der Vollbeschäftigung, wofür sich besonders J. M. Keynes eingesetzt hatte. Die Errichtung eines internationalen Währungsfonds (IWF — englisch IMF) wurde beschlossen. Die Wechselkurse der am IWF beteiligten Staaten wurden in ein festes Verhältnis zum Gold und damit auch zum US-Dollar gebracht und dadurch auch untereinander fixiert. Der offizielle Goldpreis wurde mit 35 US-Dollar je Unze Feingold festgesetzt. 1952 trat die BR Deutschland dem IWF bei. Die Goldparität der deutschen Währung wurde auf 1 Deutsche Mark = 0,211588 g Feingold ab 30. 1. 1953 festgelegt. Eine Weltbank zur Gewährung langfristiger Kredits wurde gegründet (während dem IWF die kreditweise Überbrückung zeitweiliger Zahlungsbilanzdefizite zugedacht war). Die Weltbank und weitere, ähnliche Institutionen arbeiteten auf US-Dollar-Basis und damit also nominell auf Goldwertbasis. Entsprechendes gilt für die Währungsabkommen der 60er Jahre, z. B. das „General Arrangement to Borrow", für die Swap-Abkommen der Zentralbanken und für die Sonderziehungsrechte (SZR — englisch SDR) beim IWF, die eine Art Buchgold waren.

---

23 „Golddevisenwährung" bedeutet übrigens etwas anderes: Ein System, bei dem außer Gold auch Devisen als Reserve gehalten werden.

V. Die Entwicklung zum Papiergeld

1945 besaßen die USA rd. 50% des gesamten Währungsgoldes (offizielle Goldreserven) der Welt, 1949 sogar rd. 70%, 1954 rd. 60%. Von 1950 bis 1961 galt für die USA die feste Regel, ihre eigenen internationalen Währungsreserven nur in Gold, nicht auch in Devisen anderer Staaten, zu halten, was mit der Leitwährungsfunktion des US-Dollars zusammenhängt. Erst seit 1961 haben die USA – abweichend von dieser Regel – englische Pfunde und D-Mark zu Reservezwecken erworben.

In Europa vereinigten sich 1950 die 18 am Marshall-Plan beteiligten Staaten zu einer Europäischen Zahlungsunion (EZU). Sie bewirkte nach einem festgelegten Mechanismus einen Zahlungsausgleich unter den Mitgliedstaaten. Als Verrechnungseinheit wurde ein US-Dollar = 0,888671 g Feingold festgesetzt. Durch „Clearing" wurden die Zahlungsbilanzsalden verrechnet. Dies geschah über die Bank für Internationalen Zahlungsausgleich (BIZ). Diese war bereits 1929 mit Sitz Basel zur Durchführung des Young-Plans gegründet worden, der die Reparationszahlungen an die Siegermächte des Ersten Weltkrieges neu geregelt hatte[24]. 1954 beschloß man für die EZU, daß fortan Zahlungsbilanzdefizite zu 50% in Gold beglichen und zur anderen Hälfte kreditiert werden. 1955 wurde diese Relation in 75:25% geändert; damit hatte also das Gold insofern sogar an Bedeutung gewonnen. 1958 trat die EZU außer Kraft, da in diesem Jahr mehrere Mitgliedsstaaten, darunter die BR Deutschland, ihre Währung frei konvertierbar gemacht hatten (allerdings die meisten Staaten auf die sog. Ausländerkonvertibilität beschränkt). 1958 ist die EWG gegründet worden mit dem Fernziel, eine europäische Wirtschafts- und Währungsunion zu schaffen. An die Stelle der EZU trat das europäische

---

24 Die BIZ hat auch später immer wichtige und nützliche Aufgaben erfüllt. Sie hat sich zwar nicht zu einer Weltzentralbank entwickeln können (dies war sicherlich auch gar nicht ihr Ehrgeiz), hat aber weltweit wichtige Beobachtungen und Koordinierungen durchgeführt, in neuerer Zeit auch wertvolle Statistiken über das Volumen und die Struktur des sog. Euromarkts erstellt.

Gold nur noch als internationales Zahlungsmittel

Währungsabkommen (EWA), das schon 1955 geschlossen worden war. Nach ihm waren alle Zahlungen der Staaten zur Abdeckung eines Defizits in Gold oder in einer konvertiblen Währung zu leisten; das Zwangsclearing der EZU entfiel damit. Das EWA hat dann die Errichtung eines europäischen Fonds (EF) vorgesehen; dessen Manövriermasse sollte 600 Mio. US-Dollar betragen. Die europäische Währungszusammenarbeit basierte weiterhin vornehmlich auf dem Golde. Besonders Frankreich hat viel Sympathie für das Gold gezeigt. Die ehrgeizigen Ideen seines früheren Finanzministers Jacques Rueff, das Gold binnenwirtschaftlich zu remonetisieren, haben sich allerdings als irreal herausgestellt. Frankreich drohte, von den USA die Einlösung seiner US-Devisen in Gold zu verlangen, also Buchgeld in Gold umzutauschen. Die Verwirklichung dieser Drohung hätte die Goldreserve der USA empfindlich geschwächt, die ohnehin relativ zu dem vom Ausland erworbenen Dollarvolumen, das immer mehr anwuchs, ständig abnahm. Hinzu kamen entsprechende latente Drohungen anderer Staaten. Größere Verluste an Währungsgold hätten die Leitwährungsaufgaben der USA beeinträchtigt und das bestehende Weltwährungssystem gefährden können. Besonders bei Quotenerhöhungen des IWF kam dieser in den 60er und auch noch in den 70er Jahren den USA und auch Großbritannien, das mit seinem Pfund Sterling ebenfalls noch recht beachtliche Leitwährungsfunktionen erfüllte, durch gezielte Maßnahmen zu Hilfe.

Das System der festen (gegenüber dem US-Dollar fixierten) Wechselkurse erforderte es, daß die Zentralbanken der einzelnen Staaten Gold oder konvertible Devisen (hauptsächlich wurden US-Dollar verwendet) hielten. Hinzu kamen die (relativ weniger ins Gewicht fallenden) Reservepositionen beim IWF und die entsprechenden Ziehungsrechte, um mit dieser Manövriermasse durch Intervention am Markt die festgelegte Relation ihrer Währung zum US-Dollar und damit zum Golde aufrechtzuerhalten. Manche Staaten bevorzugten als Reservemedium das Gold (auch die BR Deutschland ist dazuzurechnen), andere bevorzugten das Halten von Devisen (so z. B. Norwegen).

Demonetisierung des Goldes

J. M. Keynes, vielleicht der bedeutendste — und auch sehr einflußreiche — Nationalökonom seit Adam Smith (dem Vater der modernen Volkswirtschaftslehre) und Ricardo hat, was das Geld anlangt, das Gold ein „barbarous relic" genannt. Die Geschichte gibt ihm recht.

Zu Beginn der 70er Jahre kam es zu höchst wichtigen Ereignissen. Die unter dem System der festen Wechselkurse von den USA verfolgte Billiggeldpolitik, mit der dieser Staat der Bekämpfung der Arbeitslosigkeit die Priorität vor einer Erhaltung des Geldwertes gab, überschwemmte das Ausland — vornehmlich über den Eurodollarmarkt — mit US-Dollars. Damit wurden die ausländischen Staaten, da sie ja die Dollars zu den festgesetzten Paritäten gegen einheimische Währung übernehmen mußten, durch eine Geldaufblähung bedroht, die sich inflationär auswirkte. Die BR Deutschland gab deswegen im Mai 1971 den Wechselkurs der D-Mark gegenüber dem US-Dollar frei; die Bundesbank wurde von ihrer Interventionspflicht entbunden. Hinzu kamen weitere, „flankierende" Maßnahmen. Für die D-Mark begann die Ära des „Floatens".

Im August 1971 trafen die USA Maßnahmen, ihren Dollar zu stützen. Die wichtigste von ihnen war die, daß am 15. August 1971 Präsident Nixon die Pflicht, die Dollarguthaben fremder Zentralbanken auf Verlangen in Gold einzulösen, suspendierte und damit den Wechselkurs der USA ebenfalls freigab. Außer der BR Deutschland gaben auch die anderen Welthandelsmächte ihre Währungen zu einem limitierten Floaten frei; einige hatten dies schon vor dem August 1971 getan. Die Freigabe war nötig, um nicht in den Sog der Dollarschwemme zu gera-

Demonetisierung des Goldes

ten. Einige Nicht-EG-Staaten werteten ihre Währungen auf. Frankreich und Belgien griffen zu Devisenzwangsmaßnahmen. Die EWG-Staaten hielten aber untereinander an fixierten Wechselkursen fest.

Die Situation war schwierig und verworren. Im Dezember 1971 gelang es noch einmal, die Wechselkurse der wichtigsten Handelsstaaten neu zu „ordnen". Die BR Deutschland wertete dabei ihre Währung um 13,6% gegenüber dem US-Dollar auf. Der US-Dollar sackte aber im Zusammenhang mit dem schon damals recht großen Zahlungsbilanzdefizit der USA[25] immer weiter ab.

Die BR Deutschland versuchte 1972, sich durch ein Bündel gezielter Maßnahmen gegen die Dollarflut zu wehren. Doch im März 1973 kam es plötzlich zu einer neuen Springflut. Noch im gleichen Monat wurden die Zentralbanken der EWG davon entbunden, zur Aufrechterhaltung des Dollarkurses zu intervenieren. Das System der festen (an den US-Dollar fixierten) Wechselkurse brach weltweit zusammen. Die Ära der flexiblen Wechselkurse hatte begonnen.

Diese Ereignisse 1971–1973 markieren einen historischen Meilenstein in der Evolution des Geldes: Die Loslösung der Währungen vom US-Dollar war zugleich eine Loslösung vom Golde nunmehr auch in internationaler Beziehung. Mit zureichendem Grund kann man diese Ereignisse, und zwar speziell die Entbindung der amerikanischen Währungsbehörde von ihrer Goldeinlösungspflicht, als weltweite Demonetisierung des Gol-

---

25 Übrigens ist die Zinsbilanz der USA auch in neuerer Zeit durchweg positiv gewesen; d.h. die USA erhalten aus ihren Kapitalanlagen im Ausland mehr Zinsen, als sie dem Ausland zahlen. Dies zeigt doch wohl deutlich genug, daß die USA dem Ausland gegenüber – insgesamt, d.h. per Saldo – in Wirklichkeit kein Nettoschuldner, sondern ein Nettogläubiger sind. Ob die entsprechende Bilanz der unverzinslichen Verbindlichkeiten zu einer Korrektur der vorgenannten Schlußfolgerung nötigt, ist zumindest fraglich.

V. Die Entwicklung zum Papiergeld

des ansehen. Mit ihr hat das Metallgeld erneut erheblich an Bedeutung eingebüßt [26].

1976 wurde auf der IWF-Tagung in Jamaika beschlossen, das Gold als Recheneinheit für den IWF abzuschaffen.

Doch spielt das Gold noch immer eine monetäre Rolle. Gold fungiert − neben Devisen − noch immer als internationales Zahlungsmittel; allerdings verliert es in dieser Funktion an Boden im Verhältnis zu Devisen, also zum immateriellen Geld.

Die meisten großen Zentralbanken halten weiterhin Gold als Währungsreserve. Aufbewahrt werden die Währungsgoldreserven mancher Staaten zum Teil nicht im eigenen Land, sondern in ausländischen Staaten, hauptsächlich in den USA, dort vornehmlich in Fort Knox, Kentucky, wo auch die Hauptmasse der amerikanischen Goldreserve sicher verwahrt wird. Auch die BR Deutschland läßt dort einen Teil ihrer Währungsgoldreserve verwahren [27].

Gold wird als Reservemedium von den Zentralbanken gehalten, weil dies der Gewohnheit entspricht − und sicherlich auch aus einer Art Besitzwahrung heraus (wer trennt sich schon gern von seinem Schatz?) und wohl hier und da auch in der Annahme, das Gold könnte vielleicht einmal remonetisiert werden. Objektiv verständlich ist das Hängen am Gold insofern, als man einen allgemeinen internationalen Wertmaßstab beibehalten möchte. Für einen solchen Wertmaßstab ist wohl nach wie vor das Gold am besten geeignet.

---

26 Die Versuche bzw. Pläne mancher Staaten, zur binnenländischen Verwendung von Edelmetallen (z. B. Silber) als Geld zurückzukehren, werden sich wahrscheinlich − da sie dem säkularen Trend widersprechen − als ein vorübergehender Rückfall in alte Zeiten erweisen.

27 Dies zeigt, wie sehr sich die Zeiten für Deutschland geändert haben. Das Deutsche Reich hat seine Währungsgoldreserven im Inland behalten, also keinem fremden Staat anvertraut (jedenfalls in Friedenszeiten nicht).

Demonetisierung des Goldes

Gerade auch in jüngster Zeit ist wieder einmal die Einführung eines Warenkorbs als allgemeiner Maßstab anstelle des Goldes (und des US-Dollars mit seiner frappanten Volatilität über die Jahre und Jahrzehnte hin) angeregt worden. Ein solcher Warenkorb (evtl. mit Einbeziehung bestimmter Dienstleistungen) ist aber sehr problematisch und in der Praxis schwerlich durchführbar.

Allerdings ist es kein zwingendes Erfordernis mehr, daß die Zentralbanken Gold halten. Dies gilt auch für die Deutsche Bundesbank. Für binnenländische Zwecke braucht die deutsche Zentralbank schon seit dem Zeitpunkt, zu dem die Goldeinlösungspflicht der Banknoten aufgehoben worden war (dies war 1914), kein Gold mehr. Damit brauchen die Banknoten also auch nicht mehr durch Gold „gedeckt" zu sein. Das Gold wird auch nicht als Manövriermasse zur Aufrechterhaltung von Wechselkursparitäten benötigt, zumal — abgesehen vom EWS — eine Interventionspflicht bei den 1971/1973 eingeführten freien Wechselkursen der D-Mark nicht mehr besteht; zum Intervenieren eignen sich auch konvertible Devisen. Was die Zahlungsbilanz angeht, so braucht ein Staat, soweit sein Außenhandel (hier geht es um den Import) in seiner Währung fakturiert wird — dies trifft für die BR Deutschland weitgehend zu, wenn auch beim Import nicht in dem gleichen hohen Ausmaß wie beim Export —, weder Gold noch Devisen zum Ausgleich seiner Zahlungsbilanz. Soweit die Zahlungsbilanz in fremder Währung ausgeglichen werden muß, können auch diesen Ausgleich anstelle von Gold genausogut konvertible Devisen besorgen. Abgesehen davon ist bei flexiblen Wechselkursen (d. h. also, soweit diese Kurse flexibel sind) selbst das Erfordernis des Haltens von Devisen fragwürdig, zumal man sich Liquidität mühelos ggf. vom IWF oder auf dem Euromarkt beschaffen (borgen) kann. Zur Erfüllung ihrer Einlageverpflichtungen im EWS-Fonds bedient sich die Bundesbank u. a. (neben Dollars) ihrer Goldreserve, die — als unverzinsliches Gut — so wohl noch am rationellsten eingesetzt wird.

V. Die Entwicklung zum Papiergeld

Wiederum war es J. M. Keynes[28], der auf das Groteske, ja Absurde hingewiesen hat, das darin liegt, daß die Menschen mühsam Gold in Bergwerken aus der Tiefe holen (heutzutage hauptsächlich in Südafrika und in der Sowjetunion), um es dann schließlich in − nur wenigen zugänglichen − unterirdischen Banktresoren wieder verschwinden zu lassen.

Manche Zentralbanken verkaufen bisweilen Gold am Markt. − Man sollte vielleicht einmal folgendes überlegen: Könnte nicht die Deutsche Bundesbank ihr Gold an die deutschen Bürger (deren Vorfahren ja dieses Gold irgendwann einmal durch ihre Arbeit usw. aufgebracht haben) verschenken oder billig verkaufen? (Das ist allerdings eine geradezu revolutionäre Idee.) Nicht einmal ein Loch in ihrer Bilanz würde dadurch entstehen. Dabei spielt es keine Rolle, daß die Bundesbank ihr Gold zu einem − seit vielen Jahren gleichbleibenden − irrealen Wert bilanziert, nämlich zu einem Betrage, der weit unter dem Verkaufswert, also dem wirklichen Wert, liegt. Der wirkliche Wert ist zur Zeit ungefähr fünfmal so hoch wie der von der Bundesbank bilanzierte Wert. Diese Art der Bilanzierung ist übrigens für deutsche Verhältnisse gar nicht von grundsätzlicher Besonderheit; denn mehr oder weniger alle deutschen Vermögensbilanzen geben ein unrichtiges Bild; sie sind auf steuerliche Belange getrimmt (Niederstwertprinzip; − teilweise sehr hohe − stille Reserven, Abschreibungsmöglichkeiten über die tatsächliche Wertminderung hinaus usw.). Möglicherweise wird sich diesbezüglich auf „EG-Ebene" etwas ändern. Entscheidend ist vielmehr, daß der Banknotenumlauf, dessen Volumen ungefähr die Hälfte der Bilanzsumme der Bundesbank ausmacht und der auf der Passivseite der Bilanz eingesetzt wird, keine Verbindlichkeit wiedergibt; es handelt sich in Wirklichkeit in dieser Höhe um Eigenkapital, nämlich um freie Rücklagen. Die Art, den Banknotenumlauf zu bilanzieren, ist lediglich traditionsbedingt. Richtiger wäre es, ihn lediglich „nachrichtlich" − unter dem Strich − auszuweisen. Damit könnte folglich auch die Aktivseite der Bundesbankbilanz entsprechend entlastet werden, z. B. durch

---

28 Übrigens kann auch seinem berühmten Diktum, daß die „lange Sicht" ein schlechter Führer in bezug auf unsere Entschlüsse ist, nur zugestimmt werden.

Hergabe von Gold an die Bürger des Staates. Doch wird es jedenfalls auf absehbare Zeit sicherlich nicht dazu kommen.

Gänzlich überflüssig als monetäres Medium wird das Gold erst dann sein, wenn es einen anderen, und zwar dem Golde funktionell gleichwertigen allgemeinen, internationalen Maßstab zur Bewertung der materiellen Güter gibt. Der US-Dollar kann dies trotz seiner weltweiten Bedeutung nicht leisten; möglicherweise wächst er aber irgendwann einmal in diese Rolle hinein. Die Sonderziehungsrechte beim IWF kommen schon gar nicht in Frage. Eine echte Weltwährung mit einer Weltzentralbank hingegen würde das Gold gänzlich als Geld- und Währungssubstrat überflüssig machen. Derartiges ist aber auf absehbare Zeit eine Utopie.

Doch wird es irgendwann einmal dazu kommen, daß das Gold aufhört, irgendeine monetäre Funktion auszuüben und wieder eine reine Ware sein wird, die nichts mit Geld zu tun hat und die man lediglich mit Geld kaufen kann. Die säkulare Entwicklung geht unzweifelhaft dorthin.

Degradierung des Metallgeldes zum Kleingeld

Während Gold und Silber vom Papiergeld und später vor allem auch vom Buchgeld (unsichtbaren Geld) sozusagen „nach oben" (gleichsam auf eine höhere Ebene) abgedrängt wurden und schließlich ihres Geldcharakters mehr und mehr beraubt, also demonetisiert wurden, ist unedlen Metallen wenigstens die Funktion erhalten geblieben, Substrat für Geld zu sein. Die unedlen Metalle wurden vom Papiergeld und vom Buchgeld – in genau entgegengesetzter Richtung wie die Edelmetalle – gleichsam „nach unten" gedrückt. Zu diesem Zweck wurde dieses Geld wertmäßig teilweise entstofflicht: Es kursiert als „Scheidemünzen"; dies ist der Begriff für Geldmünzen, bei denen – jedenfalls dem Grundsatz nach – der Nennwert höher als der Metallwert ist.

V. Die Entwicklung zum Papiergeld

Die unedlen Metalle mußten sich also mit einer monetären Nebenrolle begnügen; sie wurden zu Statisten der Geldwirtschaft. Dies war sozusagen der Preis, den das Metallgeld dem Papiergeld und dem Buchgeld zahlen mußte, um überhaupt noch Geld bleiben zu dürfen. Das Metallgeld mußte gleichsam das Papiergeld und das Buchgeld als das große, dem Volumen und der Bedeutung nach übergeordnete Geld anerkennen.

Geldmünzen haben den Vorteil der Handlichkeit; auch werden sie z. B. für Automaten (Fahrkarten, Waren, Spiele, Musik-Boxen usw.) und vielerlei anderes gebraucht. Sie erfüllen nach wie vor Funktionen, die das Papiergeld nicht erfüllen kann. Sie werden daher auch in Zukunft als Geld beibehalten werden. Allerdings werden sie sicherlich niemals mehr dem Papiergeld und schon gar nicht dem Buchgeld ernsthafte Konkurrenz machen und diesen übergeordneten Geldformen nach Umfang und Bedeutung den Rang ablaufen. Ihre monetäre Rolle wird im Gegenteil im Rahmen des gesamten Geldes langfristig weiter zurückgehen[29].

Verhältnis zwischen Papiergeld und Metallgeld

Valutarisches Metallgeld gibt es in der BR Deutschland derzeit bis zur Geldeinheit 10 Deutsche Mark. Papiergeld gibt es ab 5 DM (5-DM-Scheine sind allerdings sehr selten geworden). Hinsichtlich der Geldeinheiten von 5 DM und von 10 DM überschneiden sich also Metallgeld und Papiergeld.

10-DM-Münzen erschienen zunächst − bereits aus Anlaß der Olympischen Spiele 1972 in München und dann aus späteren Anlässen − lediglich als Gedenkmünzen. In dieser Form werden sie auch heute noch herausgebracht (kürzlich z. B. eine

---

[29] Man sollte sich endlich einmal dazu entschließen, die Ein- und Zweipfennigstücke abzuschaffen. Sie belasten letztlich nur das Portemonnaie. Es ist kleinlich, so etwas beizubehalten.

Münze aus Anlaß des 200. Geburtstages des großen Philosophen A. Schopenhauer). Diese Ausprägungen sind aber nunmehr ebenfalls valutarisch. Nach dem Gesetz vom 10. Dezember 1986 zur Änderung des Gesetzes über die Ausprägung von Scheidemünzen können Scheidemünzen über 10 Deutsche Mark ausgeprägt werden.

Das Papiergeld sind die von der Deutschen Bundesbank ausgegebenen Banknoten. Sie sind – wie bereits erwähnt – durch das Gesetz über die Deutsche Bundesbank vom 26. Juli 1957 zum einzigen, unbeschränkten gesetzlichen Zahlungsmittel erklärt worden. Damit ist zunächst einmal einem Notenausgaberecht anderer inländischer Banken von vornherein der Boden entzogen. Außerdem ist damit statuiert, daß die Noten der Bundesbank – im Gegensatz zum Metallgeld – in jeder beliebigen Höhe (d. h. vor allem ohne obere Grenze) als gültige Zahlung angenommen werden müssen. Verweigert ein inländischer Gläubiger einer Geldforderung die Annahme, so kommt er in Annahmeverzug (BGB §§ 293 ff.) mit bestimmten nachteiligen Folgen.

Bei dem Metallgeld handelt es sich um „Scheidemünzen" aus Metallegierungen. „Scheidemünzen" bedeutet – wie erwähnt –, daß der Nennwert vom Stoffwert losgelöst ist, also beide nicht übereinstimmen; der Metallwert ist dem Grundsatz nach (für ganz kleine Münzen gibt es eine Ausnahme) geringer als der Nominalwert. Die Scheidemünzen werden – in Fortführung einer alten Tradition, nämlich des „Münzregals" – in staatlichen Anstalten geprägt. Der Staat stellt sie dann auf Anforderung der Bundesbank dieser zur Verfügung, welche die Münzen in Verkehr bringt. Der Nominalwert wird dem Staat gutgeschrieben. In Höhe der Differenz zwischen dem gutgeschriebenen Wert und dem Metallwert zuzüglich der Prägekosten erzielt der Staat einen Gewinn (theoretisch ist auch ein Verlust denkbar; tatsächlich wird aber immer ein Gewinn erzielt). Mit dem Münzgesetz vom 8. Juli 1950 wurde die Münzprägung und damit die Möglichkeit des Staates, sich daraus

V. Die Entwicklung zum Papiergeld

Einnahmen zu verschaffen, mengenmäßig begrenzt. Ursprünglich war eine Grenze von pro Kopf 20 DM vorgesehen. Nach einem Gesetz vom 15. Januar 1963 ist die Erweiterung des Münzumlaufs über (nunmehr) 30 DM je Einwohner hinaus zulässig, aber an die Zustimmung der Bundesbank gebunden. Diese Normen von 20 und später 30 DM sind im Laufe der Zeit weit überschritten worden. Ende Februar 1989 betrug der Münzumlauf je Einwohner rd. 178 DM.

Auch die Scheidemünzen, also das Metallgeld, sind gesetzliches Zahlungsmittel. Sie sind auch aufdrängbares Zahlungsmittel, doch besteht – im Gegensatz zu den Banknoten – nur bis zu einer bestimmten Höhe Annahmezwang. Andererseits kann jemand, der z. B. 2 Pfennig schuldet, seinem Gläubiger keinen Tausendmarkschein zum Einwechseln aufdrängen (BGB § 242 – das ist die Bestimmung über „Treu und Glauben"), ihn also damit nicht in Annahmeverzug bringen. Der Verkehr erfordert es, daß man beim Bezahlen seiner Geldschuld billigerweise auf den anderen Rücksicht nimmt, soweit eine Rücksichtnahme im gegebenen Fall geboten ist.

Papiergeld und Metallgeld zusammen sind das „Bargeld" (der gemeinsame – allerdings lediglich geldtheoretische – Begriff für Banknoten und Scheidemünzen, also für das Bargeld, ist auch „Zeichengeld"). Allein Bargeld ist gesetzliches Zahlungsmittel in der BR Deutschland.

In der BR Deutschland gab es 1949 rd. 7 Mrd. DM Bargeld, 1960 rd. 20 Mrd. DM, 1967 rd. 40 Mrd. DM (davon rd. 93% in Banknoten und 7% in Scheidemünzen).

Über das Volumen des deutschen Papiergeldes und des Metallgeldes führt die Bundesbank exakte Statistiken. Sie veröffentlicht in jedem ihrer wöchentlichen Ausweise die aktuellen Zahlen. Ende Februar 1989 gab es (einschließlich der Kassenbestände der inländischen Geldinstitute) ungefähr 140,9 Mrd. DM Papiergeld und ungefähr 10,9 Mrd. DM Metallgeld. Dies ist also ein Verhältnis von ungefähr 13:1. Allerdings gibt diese Re-

Verhältnis zwischen Papiergeld und Metallgeld

lation nicht genau die Bedeutung wieder. Denn auch die Umlaufsgeschwindigkeit ist zu berücksichtigen, also die Frequenz, mit der eine Geldmünze bzw. ein Geldschein von Hand zu Hand geht. Sie ist ein Faktor für das Ausmaß der preiswirksamen Nachfrage. Exakte Zahlen über das einschlägige Verhältnis zwischen Metallgeld und Papiergeld gibt es nicht. Man ist auf Schätzungen angewiesen, die sich allerdings bis zu einem gewissen Grade empirisch stützen lassen. Gleichwohl sind auch solche Schätzungen noch mit erheblichen Unsicherheiten behaftet und letztlich fragwürdig.

VI. Die Entwicklung zum immateriellen Geld

„Immaterielles" Geld — ein unsichtbares Gut

„Immaterielles" Geld bedeutet stoffloses, also unsichtbares Geld.

Mit dem Papiergeld hatte der Weltgeist dem Gelde bereits den materiellen Wert (Stoffwert, Eigenwert) weitgehend genommen. Immerhin war als Geldsubstrat noch etwas Materielles verblieben, nämlich das Papier. Der Weltgeist gab sich mit dieser Entwicklungsstufe noch nicht zufrieden. Er wollte mehr: Das Geld sollte gänzlich seinen materiellen Wert verlieren, also zu einem unsichtbaren Gut werden. Es sollte als ein abstrakter Wert von den materiellen Gütern geschieden werden und diesen gleichsam „gegenübertreten". Dem Weltgeist kam zur Verwirklichung dieses Plans mancherlei zu Hilfe: Bei einem unsichtbaren Geld entfallen Aufbewahrung und Transport. Es kann auch nicht durch Feuer, Hochwasser oder andere Naturkatastrophen vernichtet oder auch nur beschädigt werden. Andererseits kann auch ein unsichtbares Geld von Rechtsperson zu Rechtsperson übertragen und damit also mit unsichtbarem Geld gezahlt, insbesondere auch gekauft werden. Mit diesen Eigenschaften ist das immaterielle Geld besser als das Bargeld besonders für das „große" Geld qualifiziert, d. h. als Zahlungsmittel bei großen Geldbeträgen vorzüglich geeignet.

Die Anfänge des bargeldlosen Zahlungsverkehrs

Mit immateriellem Geld wird bargeldlos gezahlt. Es ist aber zu unterscheiden:

Die Anfänge des bargeldlosen Zahlungsverkehrs

Bis ins 19. Jahrhundert hinein diente das immaterielle Geld, also das von den Banken geschaffene Buchgeld — das, wie erwähnt, eine Forderung auf Bargeld darstellt —, in der Regel nur der bloßen Verrechnung von Geldverbindlichkeiten. Es hat also grundsätzlich noch nicht zum Kaufen von Waren gedient, war demnach insoweit noch kein Geld im ökonomischen Sinne, mit dem preiswirksame Nachfrage getätigt wird. Zu Geld im ökonomischen Sinne wurde das immaterielle Geld in größerem Ausmaß erst im 19. Jahrhundert.

Eine bargeldlose Zahlung gab es in gewissem Sinne schon bei den lombardischen Bankiers. Von Zeit zu Zeit wurden nämlich gegenseitige Forderungen mehrerer Kaufleute, die ein Gelddepot bei einem Lombarden unterhielten — dieser führte für jeden einzelnen Kaufmann ein Konto —, durch bloße Verrechnung getilgt (Skontrieren, Clearing). Verbleibende Spitzenbeträge (Salden) wurden entweder in bar ausgezahlt oder auf neue Rechnung vorgetragen — je nach dem Gewünschten und den Usancen. Die italienischen Geldleute hatten, um ihre Geldgeschäfte zu tätigen, an den Fürstenhöfen und Haupthandelsplätzen (Brügge, London usw.) ihre Vertreter, die vielfach Familienangehörige waren. Ihr Netz von Verbindungen ermöglichte es ihnen, den unbaren Zahlungsverkehr auszudehnen und auszubilden. Ein deutscher kirchlicher Würdenträger z. B., welcher der Kurie Geld zu zahlen hatte, brauchte dieses nicht in bar nach Rom oder nach Avignon zu tragen; vielmehr zahlte er es bei einem Lombarden in seiner deutschen Heimat ein, der dafür eine Schuldverschreibung auf sein italienisches Stammhaus ausstellte. Die Schuldverschreibung war also — nach heutiger Terminologie — eine Art Scheck als Geldübertragungs- und Zahlungsmittel. Der Geldwechsel mit den Münzsorten, also das ursprüngliche Geschäft der Lombarden, wurde dann von diesen nur noch nebenbei betrieben, oft von kleineren Erwerbsleuten und auch von Frauen. Der Giroverkehr (also Zahlung lediglich durch Umbuchung) gehörte Italien, das sich dabei zunächst vielfach arabischer Sachbegriffe und Bezeichnungen be-

VI. Die Entwicklung zum immateriellen Geld

diente. Die Italiener haben auch die doppelte Buchführung entwickelt — ein scharfsinniges und sehr nützliches Produkt des menschlichen Geistes. Die Deutschen lernten von den Lombarden. Der Süddeutsche ging zu diesem Zweck vorzugsweise nach Venedig, der Norddeutsche wohl nach Brügge, einem der ältesten Börsenplätze; später wurde Brügge in seiner Bedeutung von Antwerpen abgelöst. 1566 wurde in London eine Börse errichtet; in Amsterdam entstand ungefähr 1600 ein reger Börsenverkehr, der seine Glanzzeit im 17. und 18. Jahrhundert hatte; in Frankreich war zunächst Lyon der wichtigste Geldplatz, dessen sich auch süddeutsche Kapitalisten bedienten.

Das Girogeschäft im späten Mittelalter und zu Beginn der Neuzeit

Seit Beginn des Bankwesens in Europa konnten die Bankkunden von ihrem Konto einen Betrag Geld auf ein anderes Konto überweisen, indem sie zu ihrem Bankier gingen und diesem einen Überweisungsauftrag diktierten. Persönliches Erscheinen des Kontoinhabers war nötig, um einem Irrtum oder Betrug vorzubeugen — zumal die Eintragungen im Bankbuch juristische Beweiskraft hatten.

Erst seit Mitte des 14. Jahrh. findet sich in Italien — zunächst nur vereinzelt — der schriftliche Überweisungsauftrag, der Scheck.

Die Bücher der Geldwechsler von Brügge — damals ein wichtiger Transfer- und Auszahlungsplatz auch für die in Deutschland ausgestellten Zahlungsanweisungen — beweisen, daß die Bankiers Clearing-Konten miteinander hatten, und das gleiche ist für andere Handelszentren anzunehmen.

Da die Bankkunden ihre Guthaben nicht auf einmal wieder abholten, konnten die Bankiers einen Teil dieser Mittel an Städte, Fürsten oder Privatpersonen ausleihen oder auch in kommer-

Das Girogeschäft im späten Mittelalter und zu Beginn der Neuzeit

zielle Unternehmungen investieren. Aus dem Depositengeschäft und dem Girogeschäft ist dann also das Darlehensgeschäft erwachsen.

Schließlich gewährten die Bankiers unbaren Kredit über das Volumen der ihnen anvertrauten Depositen hinaus, womit sie ihr Geschäft und ihren Gewinn vergrößerten. Damit betrieben die oberitalienischen Bankiers bereits Geldschöpfung.

Im 14. Jahrh. entstand in Italien der Scheck. Er war aber nicht begebbar, d.h. er konnte nicht durch Indossament (wie ein Wechsel) übertragen und weiterübertragen werden. Er war lediglich eine Zahlungsanweisung des Depositors an seinen Bankier. Die technische Abwicklung der bargeldlosen Zahlung war auch deswegen noch recht kompliziert, weil Schuldtitel nicht ohne weiteres mit rechtlicher Wirkung abgetreten werden konnten; es war insbesondere problematisch, den durch eine Abtretung erworbenen Forderungsbetrag klageweise zu realisieren. Um den juristischen Schwierigkeiten zu begegnen, ließen oft die Zedenten den Zessionar als ihren Agenten auftreten oder umgekehrt. Später führte man dann aber eine Inhaberklausel ein, aufgrund deren der Schuldtitel nach Belieben veräußert und weiterveräußert werden konnte.

Zur besseren Mobilität des Kredits waren die großen Händler darauf angewiesen, an allen bedeutenden Handelsplätzen Agenturen zu unterhalten. Die Bankiers entwickelten durch gegenseitige Kontenführung einen internationalen Buchgeldtransfer. Auch Zahlungen an Gläubiger, die ihr Konto bei einer anderen Bank hatten, wurden so in immer größerem regionalen Umfange ermöglicht. Die Interbankbeziehungen spielten dabei schon Ende des Mittelalters und zu Beginn der Neuzeit eine wichtige Rolle; sie ermöglichten eine erhebliche Ausweitung des Buchkredits. Die großen Messen dieser Zeit förderten beträchtlich den Ausbau eines Clearing-Systems. Sie waren die Zentren für die Abwicklung internationaler Geldgeschäfte, wobei Bargeld in nur sehr geringem Ausmaß herangezogen zu werden brauchte.

VI. Die Entwicklung zum immateriellen Geld

Der Giralverkehr der Bank von Genua

Die Bank von Genua war im Zusammenhang mit der Verschuldung der Stadt Genua gegründet worden. Diese Verschuldung beruhte hauptsächlich auf dem Rivalitätskrieg Genuas mit Venedig um die Vorherrschaft im Seehandel im Mittelmeer. Diese Bank, genannt „Casa di San Giorgio", betrieb das Girogeschäft Ende des 16. Jhrh. in wachsendem Umfang. Sie erhielt 1675 das Privileg, daß alle Zahlungen von mehr als 100 Lire durch Umschreibung in ihren Büchern getätigt werden müssen (ein gleichartiges Privileg haben auch die Girobanken von Venedig, Amsterdam und Hamburg erhalten). Später fegte die Französische Revolution die Bank hinweg.

Der Giralverkehr der Bank von Venedig

Die Bank von Venedig, die damals „Banco di Rialto" hieß, wurde durch eine Verordnung im Jahre 1587 verpflichtet, von jedermann Depositen in guten Münzsorten anzunehmen und auf Verlangen jederzeit zurückzuzahlen. Sie war ferner befugt, aufgrund solcher Depositen Geld zu überweisen. Dies durfte sie aber nur in Anwesenheit des Depositors oder aufgrund einer von diesem bei der Bankenaufsichtsbehörde hinterlegten Vollmacht. Ein Buchtransfer war zunächst nur soweit möglich, wie der Kunde ein entsprechendes Guthaben bei der Bank hatte; eine Kontoüberziehung war nicht erlaubt. 1593 erging ein Erlaß, nach dem alle Wechselzahlungen in den Räumen der Bank vorgenommen werden mußten. 1619 wurde in Venedig die „Banco del Giro" gegründet. Anlaß dazu waren die Schulden der Republik Venedig. Diese Bank zog das Depositen- und Girogeschäft in der Republik Venedig immer mehr an sich und verdrängte 1677 die „Banco di Rialto", behauptete schließlich allein das Feld. Auch später diente sie besonders den Kreditbedürfnissen der Republik. — Die Bank wurde 1806 von Napoleon geschlossen.

Die Bank von Amsterdam

Diese Bank wurde 1609 gegründet, und zwar nach dem Vorbild der Banco di Rialto. Ihr folgte in den Niederlanden die Gründung kleinerer Banken, nämlich in Middelburg (1616), in Delft (1621) und in Rotterdam (1635). Mit der Gründung der Bank von Amsterdam wurde den privaten Geldwechslern und Kassierern verboten, weiter das Giralgeschäft zu betreiben.

Die Bank von Amsterdam betrieb als erste nichtitalienische Bank den bargeldlosen Zahlungsverkehr in großem Stil. Dazu kam ihr von Anfang an eine — von Venedig übernommene — Bestimmung zu Hilfe, nach der alle Wechsel, die auf mehr als 100 Pfund Flämisch (= 600 fl) lauteten, über die Bank zu bezahlen sind; damit wurden alle Kaufleute praktisch dazu gezwungen, sich ein Bankkonto einrichten zu lassen. Es handelte sich nicht etwa um die Diskontierung von Wechseln (Diskontgeschäft), sondern lediglich um die Erfüllung der im Papier verbrieften Forderung. Manchmal kam es vor, daß Wechsel außerhalb der Bank bezahlt wurden. Überziehung des Bankkontos war streng verboten; wer es trotzdem tat, mußte als Strafe 3% des überzogenen Betrages zahlen (ebenfalls von Venedig übernommen).

Die Bank von Amsterdam diente ausschließlich dem Zahlungsverkehr; sie gewährte keine Kredite. Der Kunde konnte jederzeit über sein Guthaben verfügen; zum Buchtransfer bedurfte es einer schriftlichen Anweisung an die Bank. Die Anweisung mußte der Depositor oder ein von ihm Bevollmächtigter der Bank vorlegen.

Der hauptsächliche Beweggrund dafür, die Bank zu errichten, war es gewesen, die Währung zu stabilisieren. Auf den Gedanken, eine besondere Bankwährung — also ein Buchgeld als Verrechnungseinheit — zu schaffen, war niemand gekommen. Doch bildete sich allmählich ein Unterschied zwischen dem Buchgeld der Bank und dem umlaufenden Metallgeld heraus; dies beruhte darauf, daß der Wert der umlaufenden Münzen

VI. Die Entwicklung zum immateriellen Geld

über dem gesetzlich fixierten Wert lag, andererseits die Bank die Münzen zu dem gesetzlich fixierten Wert annehmen mußte und diesen Wert auch zu zahlen hatte. 1659 wurde eine Münzordnung erlassen, welche die Tatsache, daß Bankgeld und Kurantgeld im tatsächlichen Wert differierten, legalisierte, indem nunmehr auch amtlich zwischen Gulden Banco und Kurantgeld unterschieden wurde. Gegen Ende des 17. Jhrh. hatte das Bankgeld einen um 4% höheren Wert als das Metallgeld.

Die Hamburgische Bank

Diese Bank wurde 1619 nach dem Vorbild der Bank von Amsterdam gegründet. Die Idee war es, der Münzverschlechterung entgegenzutreten. Es wurde angeordnet, daß alle Wechsel mit einem Betrag ab 400 Mark in der Bank bezahlt werden müssen; Anweisungen außerhalb der Bank wurden verboten. Die Bank wurde verpflichtet, dem Kontoinhaber jederzeit auf Verlangen sein Guthaben auszuzahlen. Deponiert wurde in Talern, die nach der Reichsmünzordnung von 1559 geprägt waren. 9 Taler entsprachen einer Kölnischen Mark; diese wurde seit 1622 zu 3 „Mark Banco" gerechnet. Die „Mark Banco" war die Verrechnungseinheit der Hamburgischen Bank, also das Buchgeld einer bestimmten Bank. Diese Wertrelation entsprach damals dem tatsächlichen Kurs des Reichstalers (Talers in specie). Später änderte sich der Kurs des Reichstalers. Die Hamburgische Bank hielt gleichwohl an der genannten Relation fest. Damit entstand eine besondere Bankwährung. Durch ihre Bindung an den Reichstaler war sie dauernd gefährdet. Deswegen nahm man als Wertbasis für die Bankwährung später reines Edelmetall, und zwar Silber mit einem bestimmten Gewicht. Die Mark Banco wurde diesem Silber wertmäßig gleichgesetzt.

Die Bank betrieb neben dem Girogeschäft das Lombardgeschäft und zeitweise auch das Darlehensgeschäft. Sie gewährte – über die ihr zugedachten Giroaufgaben hinaus – auch

Blankokredite, anscheinend sogar in bedenklichem Ausmaß. Deswegen wurde sie später geschlossen.

Das Girogeschäft vom 17. bis zur Mitte des 19. Jahrhunderts

Wir wollen uns mit dem Bankwesen in Deutschland (nebst Österreich) begnügen[30].

In Deutschland kam es im Anschluß an die Errichtung der Hamburgischen Bank zur Gründung weiterer Banken, die aber nicht die Bedeutung der Hamburgischen Bank erreichten.

1621 wurde in Nürnberg die „Banco Publico" errichtet. Ihre Statuten ähneln denen der Hamburgischen Bank. Alle Zahlungen von mehr als 200 fl. mußten über die Bank abgewickelt werden. Die Bank war andererseits nicht verpflichtet, Beträge unter 200 fl. zu buchen. Für Kreditüberziehungen mußte der Kunde als Strafe 10% der überzogenen Summe zahlen. Jede Überweisung bedurfte eines besonderen mündlichen Auftrages an die Bank; es war aber nicht nötig, daß dabei sowohl Debitor als auch Kreditor anwesend waren. Die Bestimmung, daß alle Zahlungen über 200 fl. über die Bank gehen müssen, war schwer durchzusetzen; sie wurde immer wieder durchbrochen. Mitte der 70er Jahre des 17. Jhrh. hat offenbar in Nürnberg das Einschmelzen, Exportieren und Umwechseln der groben Münzsorten in leichtere überhandgenommen. Von der Bank konnte man gute Münze erhalten und diese dann einschmelzen oder umschmelzen. Im Gegensatz zur Hamburgischen Bank hat die Nürnberger Bank den ihr zugedachten Zweck, den Zahlungsverkehr zu erleichtern und ihm mit einer staatlichen Bankvalu-

---

30 Die – 1694 gegründete – Bank of England war in erster Linie eine Notenbank, also ein Institut mit Papiergeldemission. Sie pflegte auch das Wechselgeschäft. Sie war zu allen Zeiten eng mit der Regierung verbunden, betrieb aber auch das Kontokorrent- und Darlehensgeschäft, dagegen kein systematisches Girogeschäft.

VI. Die Entwicklung zum immateriellen Geld

ta eine sichere Grundlage zu geben, nicht erreicht. Nur eine gut organisierte Bank hätte den bis zur Mitte des 18. Jhrh. anhaltenden Münzwirren abhelfen können. 1764 wurden aber die Münzverhältnisse in Nürnberg ohnehin geordnet. 1797 wurde die Bank offiziell für ,,ganz und gar zwecklos" erklärt. Sie führte fortan nur noch ein Schattendasein. Ihre letzte Bilanz stammt aus dem Jahr 1827.

In Leipzig wurde 1698 die ,,Banco di Depositi" errichtet. August der Starke erhoffte sich davon, sich von seinen Finanznöten befreien zu können. Die Deponenten erhielten von der Bank auf den Namen lautende Depositenscheine. Die Guthaben waren nur übertragbar durch Ausstellen eines neuen Depositenscheins und Einziehen des alten. Ein Giroverkehr wurde nicht praktiziert. Bereits 1706 wurde die Bank geschlossen.

1706 wurde die Wiener Stadtbank errichtet. Wie die Leipziger Bank war auch sie hauptsächlich als eine Art Schuldentilgungskasse des Staates konzipiert. Auch sie betrieb nicht das Girogeschäft, sondern lediglich das Depositen- und Darlehensgeschäft. Bereits 1708 geriet die Bank in finanzielle Nöte. 1759 wurde sie mit der Wiener Hofkammer vereinigt.

In Preußen errichtete man 1765 die ,,Königliche Giro- und Lehn-Banco". Die Bankbücher waren in einer besonderen Währung, dem Pfund Banco, zu führen (= 30 Groschen = 1/4 Friedrichsd'or). Das Pfund Banco war eine Recheneinheit. Um sie zur Geltung im Verkehr zu bringen, sollten auch die Bücher und Rechnungen der Königlichen Kassen und ab Beginn 1766 auch die der Berliner Kaufleute darin geführt werden. Alle Wechsel über mehr als 100 Reichstaler hatten in Zukunft auf ,,Pfund Banco" zu lauten; das gleiche wurde angeordnet für ,,Handlungs-Instrumente irgendeiner Art". Ferner wurde bestimmt, daß alle auf Banco-Pfund lautenden Wechsel und sonstige Zahlungen über diese Bank gehen müssen; dabei konnte Bankgeld mit Friedrichsd'or mit dem Nennwert, mit groben Kurantmünzen nach dem jeweiligen Kurs oder durch Umschreibung erworben werden. Nur wer in bar eingezahlt hatte, sollte auch in bar abheben dürfen. Lediglich Kaufleute, die in Berlin ansässig waren, erhielten ein Bankfolio. Die Guthaben wurden geheim gehalten; sie durften auch nicht beschlagnahmt werden. In Breslau wurde kurz nach der Errichtung der Berliner Bank eine „Giro- und Lehnbanco zu Breslau" gegründet. Die Geschäfte der beiden Banken — die Berliner Bank war der Breslauer Bank übergeordnet — gingen anfangs gut. Das Publikum faßte Vertrauen. Dieses ging dann aber mehr und mehr verloren. Den Grund dafür muß man darin sehen, daß man die Verwendung des Banco-Pfundes erzwingen wollte. Der Vertrauensschwund führte dazu, daß das Giralgeld nicht in dem von Staats wegen erwünschten Umfang in Gebrauch kam. Hinzu kam eine korrupte Verwaltung beider Banken. Das geschöpfte Giralgeld drückte den Kurs des Banco-Pfundes. Die Kunden ließen sich daraufhin ihre Guthaben auszahlen. Dadurch geriet die Bank in Zahlungsschwierigkeiten. Um diese zu überwinden, führte die Direktion den Girozwang streng durch; außerdem suspendierte sie im Oktober 1765 alle Barauszahlungen von Giroguthaben. Diese Maßnahmen erwiesen sich als gänzlich untauglich: Die Bank verlor ihren Kredit völlig; der Kurs des Bankgeldes sank weiter. Die Kaufleute erlitten, da sie ja gezwungen waren, mit Bankgeld zu zahlen, empfindliche Einbußen. Sie versuchten folglich, den Girozwang zu umgehen, und zwar mit Erfolg: Im November und Dezember 1765 hatte die Hauptkasse keinen einzigen Groschen mehr eingenommen. Daraufhin ergriff der König Maßnahmen zur Abhilfe. Unter anderm gebot er den königlichen Kassen, Zahlungen in Giralgeld anzunehmen. Ferner wurden Verträge mit verschiedenen Berliner und Breslauer Häusern geschlossen, mit denen sich diese verpflichteten, auf dem Markt Giralgeld zu kaufen; als Gegenleistung wurden ihnen Giro-Gebühren erlassen. Doch konnten diese Maßnahmen die Bank nicht sanieren. Deswegen wurde die Bank im Oktober 1766 gänzlich reorganisiert. Der Giroverkehr wurde aber beibehalten; Verrechnungseinheit war weiterhin das Pfund

VI. Die Entwicklung zum immateriellen Geld

Banco. Neu eingeführt wurde eine feste Parität des Bankgeldes zum Kurantgeld, nämlich 100 Pfund Banco = 131 1/4 Reichstaler oder 5% Agio für Gold. Alle öffentlichen Kassen mußten das Giralgeld annehmen, wurden aber davon entbunden, ihre Rechnung in Pfund Banco zu führen. Für Gebiete außerhalb Berlins und Breslaus wurden die Kaufleute von dem Zwang entbunden, Bankgeld zu verwenden; auch Wechsel brauchten nicht mehr unbedingt auf Berlin und Breslau gestellt zu werden. Der Bank wurde erlaubt, Darlehen zu geben und Effekten und Waren zu beleihen; auch das Diskontieren von Wechseln wurde zugelassen — wenn auch mit einer gewissen Beschränkung. Vor allem wurde der Bank die Emission von Banknoten gestattet; diese sollten ab Beginn 1767 bei allen königlichen Kassen als bares Geld angenommen werden. Ferner wurden die Girogebühren gesenkt. Die Notenemission begann sofort. Sie erwies sich als die entscheidende Maßnahme zur Sanierung der Bank, die mit den Noten in nur zwei Jahren etliche Millionen Reichstaler, also Bargeld, erwarb. 1771 war aus der Bank eine Depositenbank geworden, die sich mit der Emission von Banknoten finanzierte. Das Girogeschäft war gänzlich aufgegeben worden. Die Noten lauteten auf Pfund Banco. Die Niederlage Preußens durch Napoleon im Jahre 1806 führte zu katastrophalen Folgen für die Bank. Diese wurde dann 1817 reorganisiert: Sie erhielt eine selbständigere Stellung gegenüber dem Staat. 1833 wurde sie von der Pflicht entbunden, ihre Gewinne an die Staatskasse abzuliefern.

In der zweiten Hälfte des 18. Jhrh. wurden die Preußische Seehandlung und weitere Banken mit regional begrenztem Geschäftsbereich in Deutschland gegründet. Einige führten in ihrem Namen das Wort „Giro". Doch trat das Girogeschäft im Laufe der Zeit immer mehr in den Hintergrund. Dies lag daran, daß das Münzwesen zunehmend verbessert und vereinheitlicht wurde. Damit wurde der Giralverkehr zunehmend entbehrlich; die alten Girobanken waren ja hauptsächlich gegründet worden, um dem Münzwirrwarr abzuhelfen. Abgesehen davon wurden die Giralgeldbedürfnisse der Kaufleute jahrhunderte-

Das Girogeschäft vom 17. bis zur Mitte des 19. Jahrhunderts

lang weithin durch die Hamburgische Bank mit ihrer Großhandelswährung, der Mark Banco, befriedigt. Dank dieser Buchgeldeinheit waren die Kaufleute weitgehend unabhängig von den regionalen Münzwirren. Die Hamburgische Bank bestand bis 1875, also bis zur Errichtung der Reichsbank.

Die − in der zweiten Hälfte des 18. Jhrh. entstandenen − preußischen „Landschaften" trugen zur Ausbildung des Giroverkehrs praktisch nichts bei. Ihre Aufgabe war es, durch Ausgabe von Pfandbriefen Geld an sich zu ziehen, um dieses für Kredite zur Förderung der Agrarwirtschaft zu verwenden.

Auch die − ebenfalls in der zweiten Hälfte des 18. Jhrh. errichteten − Sparkassen trugen bis zur Mitte des 19. Jhrh. wenig zur Weiterentwicklung des Giroverkehrs bei. Der Sparkassengedanke ist alt. Es handelt sich um die Idee, ein Geldinstitut für die „kleineren" Leute, d. h. für die große Masse des Volkes, zu schaffen. Ein französischer Staatsmann, Hugues Delestre, soll 1611 der Königlichen Regentin Maria Medici ein Sparkassenprojekt vorgetragen haben; er hatte damit aber keinen Erfolg. Erwähnenswert ist in diesem Zusammenhang, daß − wohl als erste Sparkasse der Welt − 1778 in Hamburg ein Sparinstitut errichtet wurde, das als Einlagen nicht nur Bargeld, sondern auch Buchgeld, nämlich die Mark Banco der Hamburgischen Bank, hereinnahm. Die gesamten Einlagen pro Person durften 150 Mark nicht übersteigen; 1791 wurde das Limit auf 300 Mark Banco oder 400 Mark Kurant erhöht.

Auch die Privatbankiers wie z. B. die Gebrüder Bethmann[31], die Rothschilds, das Haus Parish in Hamburg und Samuel Oppenheimer haben verständlicherweise zur Weiterentwicklung des Girowesens wenig beitragen können.

Im Vergleich zu den ausgefeilten Geschäftstechniken der italienischen Bankiers Ende des Mittelalters und zu Beginn der Neu-

---

31 Ein zeitgenössischer Nachfahre dieses Frankfurter Hauses ist Johann Philipp Freiherr von Bethmann, der mit originellen, doch ernstzunehmenden und beachtenswerten Publikationen hervorgetreten ist.

VI. Die Entwicklung zum immateriellen Geld

zeit haben hinsichtlich des Girowesens das 18. Jahrhundert und auch die erste Hälfte des 19. Jahrhunderts in Deutschland insgesamt keinen Fortschritt gebracht, sondern – in ursächlichem Zusammenhang mit der zunehmenden Ordnung des Münzwesens – eher einen Rückschlag. Immerhin hat 1834 die Königliche Giro- und Lehnbank in Berlin den Giroverkehr wieder in größerem Umfang aufgenommen.

Den Bedürfnissen des Handels und der Wirtschaft, ein metallloses Geld zu verwenden, genügte in zunehmendem Umfange das Papiergeld, nämlich Banknoten.

Die Entwicklung des immateriellen Geldes von der Mitte des 19. Jahrhunderts bis zur Gegenwart

In den Ländern nördlich der Alpen hatten in der ersten Hälfte des 17. Jahrhunderts einige große Banken – besonders die Bank von Amsterdam und später auch die Hamburgische Bank – eigenes Buchgeld geschaffen, um den Münzwirren abzuhelfen. Das Münzwesen wurde aber dann in der zweiten Hälfte des 18. Jhrh. in Deutschland weitgehend geordnet, nämlich verbessert und vereinheitlicht. Dadurch verloren die Bank-Buchgeldeinheiten ihre Geschäftsgrundlage; überhaupt wurde der bargeldlose Giroverkehr mehr und mehr entbehrlich. Dies änderte sich, als im 19. Jhrh. die Zentralbanken strenge Edelmetall-Deckungsvorschriften einführten. Wegen dieser Deckungsvorschriften konnte angesichts der Knappheit der Edelmetallbestände das Banknotenvolumen nicht in dem Umfang ausgeweitet werden, der nötig war, den Bedürfnissen der Wirtschaft zu genügen. Das Papiergeld wurde also knapp. Es entstand deshalb erneut ein Bedürfnis nach vermehrter bargeldloser Zahlung. Im Gegensatz zu dem Bankgeld des 17. Jhrh., das zur Verrechnung gegenseitiger Verbindlichkeiten, vor allem unter Kaufleuten, diente, entstand seit der Mitte des 19. Jhrh. ein Bedürfnis nach Buchgeld zum Zwecke des Kaufens von Waren

Die Entwicklung des immateriellen Geldes bis zur Gegenwart

und anderen Gütern — kurzum, ein Bedürfnis nach immateriellem Geld im ökonomischen Sinne. In England setzte diese Entwicklung mit der Peel'schen Bankakte 1844 ein, in Deutschland mit der Errichtung der Reichsbank 1875, die ebenfalls an strenge Deckungsvorschriften, wenn auch weniger starre als die Bank of England, gebunden war. (Die heutige manipulierte Papierwährung kennt keine Deckungsvorschriften mehr.)

Der bargeldlose Zahlungsverkehr wurde stark gefördert durch den Ausbau von Gironetzen bei den Banken, den Sparkassen, den Kreditgenossenschaften und der Post. Die Geschichte des bargeldlosen Zahlungsverkehrs ist hauptsächlich eine Geschichte des Giroverkehrs. Ihr wollen wir daher im folgenden unsere besondere Aufmerksamkeit widmen.

Ein wichtiger Schritt in der Ausbreitung des bargeldlosen Zahlungsverkehrs war die Gründung des Berliner Kassenvereins im Jahre 1823. Dieser Verein hatte 10 Firmen als Mitglieder. Sein erklärtes Ziel war es, „das Zahlungsgeschäft in Handel und Wandel dadurch zu erleichtern, daß die Zahlungen in barem Gelde aus einer Hand in die andere entbehrlich gemacht werden". Diese Giroorganisation beschränkt sich — wie alle vorangegangenen Gründungen in Deutschland — auf einen einzigen Ort. 1834 nahm die preußische Königliche Giro- und Lehnbank den Giroverkehr mit größeren Beträgen wieder auf. Zu einer weiteren Zunahme des Giroverkehrs kam es 1837, da in diesem Jahr die Girogebühren abgeschafft wurden. Erst als 1876 die Reichsbank einen (eigenen) Giroverkehr einführte, konnte man Guthaben von einem Bankplatz zu einem anderen bargeldlos überweisen. Der Reichsbankgiroverkehr wurde damit zum zentralen Träger des deutschen bargeldlosen Zahlungsverkehrs. Das Girogeschäft war neben dem Wechselgeschäft (Diskont, Lombard) der bedeutendste Geschäftszweig der Reichsbank. Von 1876 bis 1913 erhöhten sich die Giroguthaben bei ihr von 70,6 auf 667,6 Mio. Mark. Die Umsätze im Giroverkehr (Einnahmen und Ausgaben) stiegen in der gleichen Zeit von 16,7 Mrd. Mark auf 379,2 Mrd. Mark. Die Gesamtum-

VI. Die Entwicklung zum immateriellen Geld

sätze der Reichsbank im Giroverkehr hatten 1876 etwas über 40% der Gesamtumsätze ausgemacht, 1913 aber bereits knapp 90%. Die Reichsbank hatte ganz Deutschland zu einem einzigen Giroplatz gemacht. Der Giroverkehr war einfacher und schneller als der Scheckverkehr und das Clearing-Verfahren.

1909 hatte die Reichsbank insgesamt rd. 295 Mrd. Mark umgesetzt; die Anzahl der Kontoinhaber betrug damals knapp unter 25 000 [32].

Mit der Entwicklung, die 1875 zur Gründung der Reichsbank führte, entstanden im privaten Bankwesen durch Konzentrationsvorgänge die ersten Filialnetze, die sich auch für den privaten Zahlungsverkehr nutzen ließen. Auch bei den Sparkassen und bei den Kreditgenossenschaften begann der Aufbau von Gironetzen.

Die älteste deutsche Sparkasse war – wie erwähnt – 1778 in Hamburg gegründet worden. Sie sollte den „kleineren" Leuten nützen. Ein preußisches Reglement aus dem Jahre 1838 schrieb vor, daß Sparkassen nur gegründet werden dürften, wenn sie hauptsächlich auf das Bedürfnis der „ärmeren Klasse" zum Anlegen deren Spargroschen berechnet sind und nicht zu regelrechten Banken „ausarten". 1838 gab es in Deutschland etwa 260 Sparkassen. In der Folgezeit wurden rund 800 neue Sparkassen gegründet. 1913 bestanden allein in Preußen 3133 Sparkassen. Der Einlagenbestand bei den Sparkassen betrug

1839	18 Mio. Mark
1865	268 Mio. Mark
1875	1 112 Mio. Mark
1885	2 261 Mio. Mark
1895	4 345 Mio. Mark
1910	11 107 Mio. Mark
1913	13 111 Mio. Mark.

---

[32] Nach dem Zweiten Weltkrieg übernahmen zunächst die Landeszentralbanken und ab 1957 die Deutsche Bundesbank im wesentlichen die Organisation des Giroverkehrs der Reichsbank.

Die Entwicklung des immateriellen Geldes bis zur Gegenwart

1889 hatten sich die Sparkassen zu einem Bund und 1892 zum Deutschen Sparkassenverband zusammengeschlossen.

Den Sparkassen wurde 1909 die passive Scheckfähigkeit verliehen (in Österreich schon 1908). 1913 gab es 3319 Sparkassen mit 8425 Neben- und Außenstellen. Die Sparkassen schlossen sich zu Giroverbänden zusammen. Es waren gemeindliche Zweckverbände (Körperschaften des öffentlichen Rechts). Der erste war 1908 in Sachsen entstanden. Die meisten anderen wurden zwischen 1908 und 1914 gegründet. 1916 schlossen sich die Giroverbände Preußens zum Zentralgiroverband zusammen und gründeten 1918 als Spitzeninstitut die Deutsche Girozentrale in Berlin. Zwischen 1909 und 1921 waren insgesamt 13 regionale Girozentralen entstanden. Ihre Rechtsträger waren die Giroverbände. 1924 vereinigten sich der deutsche Sparkassenverband und der deutsche Zentralgiroverband zum „Deutschen Sparkassen- und Giroverband". Dessen Aufgabe war es nach seiner Satzung, den bargeldlosen Zahlungsverkehr zu fördern, insbesondere den Giroverkehr bei den Sparkassen, Kommunalbanken, Gemeinden und Gemeindeverbänden (Spargiroverkehr). Eine Zentralisierung des Zahlungsausgleichs im Überweisungsverkehr durch Ausbau und Förderung des Giroverkehrs wurde angestrebt, da man sich besonders von ihm volkswirtschaftlichen Erfolg der Sparkassen versprach.

Der Giroverkehr der Sparkassen und deren Giro-System – Giroverbände und Girozentralen – war ein Einbruch in das Bankgeschäft. Die Banken revanchierten sich nach dem Ersten Weltkrieg, indem sie ihrerseits in das Sparkassengeschäft einbrachen. Ein Konkurrenzkampf um den Debitor entbrannte. Allerdings unterschied sich das Spargeschäft der Banken von dem der Sparkassen in der Technik, in der Vermögensanlegung (die Sparkassen bevorzugen langfristige Anlagen – insofern ähneln sie eher den Hypothekenbanken als den Kreditbanken) und in den Geschäftsbedingungen (die Sparkassen sind z. B. an die Mündelsicherheitsbestimmungen des BGB gebunden; die Banken haben da manches einfacher).

VI. Die Entwicklung zum immateriellen Geld

Um die Mitte des 19. Jhrh. begann es mit dem Genossenschaftsgedanken im deutschen Kreditwesen. Es handelte sich um die Idee einer freiwilligen Vereinigung zur Wahrnehmung gemeinsamer Interessen. Schulze-Delitzsch' Genossenschaften waren für Handwerker und Kleingewerbetreibende geeignet. 1850 wurde in Delitzsch die erste Kreditgenossenschaft gegründet. 1860 gab es bereits 80 Kreditgenossenschaften. 1867 wurde den Erwerbs- und Wirtschaftsgenossenschaften Rechtsfähigkeit verliehen. 1870 gab es 740 Kreditgenossenschaften; 1913 gab es rd. 1500 mit rd. 800 000 Mitgliedern.

Raiffeisen widmete sich den Landwirten. Die Raiffeisen-Kreditgenossenschaften gründeten 1883 neben dem „Anwaltschaftsverband Raiffeisen" als zentrale Institution die „Vereinigung der landwirtschaftlichen Genossenschaften e. V.", die 1903 in den „Reichsverband der deutschen landwirtschaftlichen Genossenschaften e. V." umgegründet wurde. 1895 gab es in Deutschland 7170 ländliche Genossenschaften; 1900 waren es bereits 13 636. Die Volksbanken schlossen sich 1901 im „Hauptverband deutscher gewerblicher Genossenschaften" zusammen, der 1920 in den „Deutschen Genossenschaftsverband" umgewandelt wurde.

Das Gironetz der Kreditgenossenschaften wurde 1927 unter der Bezeichnung „Deutscher Genossenschaftsring" geschaffen. Daneben bestand lange Zeit der Genossenschaftliche Giroverband der Dresdner Bank. Er wurde 1939 auf den Deutschen Genossenschaftsring übergeführt.

Bereits 1899 hatte man versucht, den Postscheckverkehr einzuführen. Der Reichstag hatte aber Bedenken. Er befürchtete, daß der Postscheckverkehr sich ungünstig auf die Entwicklung der Sparkassen und der Kreditgenossenschaften auswirken könnte. Daher verweigerte die Reichsregierung ihre Zustimmung zur Einführung des Postscheckverkehrs. 1907 änderte sich aber die Situation. In diesem Jahr wurden die Mittel am Geldmarkt sehr knapp. Das beruhte vor allem darauf, daß — wie er-

Die Entwicklung des immateriellen Geldes bis zur Gegenwart

wähnt – der Reichsbank enge Grenzen bei der Geldschöpfung gesetzt waren. Deswegen führte die Reichsregierung, nachdem 1908 ein Scheckgesetz erlassen worden war, 1909 den Postscheckverkehr ein. Die Institute der Postsparkassen wurden aber erst 30 Jahre später geschaffen.

Bei den deutschen Sparkassen betrugen 1930 die Giroeinlagen 1,497 Mrd. RM (die Spareinlagen dagegen rd. 10,67 Mrd. RM). Allerdings gab es viele Sparkonten, über die durch Scheck oder durch Überweisung verfügt werden konnte – die also ebenfalls dem Giroverkehr dienten. Die Inhaber solcher Sparkonten waren nicht an die Kündigungsfrist für Giroeinlagen gebunden, erhielten gleichwohl die Spareinlagen-Verzinsung, die erheblich höher war als die Verzinsung der Giroeinlagen.

1931 wurden – im Zusammenhang mit den Brüning'schen Notmaßnahmen – die Girozentralen verpflichtet, die Liquiditätsreserven, welche die Sparkassen bei ihnen unterhielten, als Guthaben bei der Deutschen Girozentrale zu halten.

Ende 1932 gab es 3110 Sparkassen mit insgesamt 13 785 Stellen (Hauptstellen, Zweigstellen, Annahmestellen).

1934 wurde das Gesetz über das Kreditwesen (KWG) erlassen. Es brachte eine strenge Staatsaufsicht über die Banken. 1939 wurde es novelliert[33].

Das Geschäft der Girozentralen und Landesbanken, besonders auch die Tätigkeit der Deutschen Girozentrale-Deutsche Kommunalbank, erfuhr bis 1939 eine starke Belebung. Auch die Tätigkeit der gewerblichen und ländlichen Zentralkassen weitete sich stark aus. Zum erheblichen Teil hing dies mit der Aufrüstung des „Dritten Reiches" zusammen.

Die Giroeinlagen bei den deutschen Sparkassen betrugen

1934 rd. 1 532 Mio. RM
1939 rd. 4 167 Mio. RM
1944 rd. 14 197 Mio. RM.

---

33 1961 wurde ein neues KWG erlassen.

VI. Die Entwicklung zum immateriellen Geld

Ende 1940 gab es 2912 Sparkassen mit insgesamt rd. 15 000 Stellen. Die Sparkassen und Girozentralen blieben bis zum Kriegsende erstaunlich funktionsfähig.

Nach der Währungsreform 1948 gründeten die Landesverbände ländlicher Genossenschaften den „Deutschen Raiffeisenverband e.v." in Bonn. Ihm gehörten 23 700 örtliche Genossenschaften und 81 Zentralgenossenschaften an.

Spitzenverband der gewerblichen Kreditgenossenschaften wie der anderen gewerblichen Genossenschaften war der Deutsche Genossenschaftsverband (Schulze-Delitzsch) e. V., der 1949 in Wiesbaden wieder gegründet worden war; seit 1954 domizilierte er in Bonn.

Die Anzahl der Sparkassen betrug 1949 883, 1959 dagegen 852 (der Rückgang erklärt sich durch Fusionen)[34]. Die Anzahl der Geschäftsstellen erhöhte sich von 8553 im Jahre 1949 auf 9847 im Jahre 1958 und auf 11 332 im Jahre 1959.

In der BR Deutschland bestanden Ende 1955 10 391 ländliche und 782 gewerbliche Kreditgenossenschaften (691 „Volksbanken" und 91 sonstige Kreditinstitute, zum größten Teil Organisationen für die Angestellten der Bundesbahn und der Post).

Dem Geldausgleich und dem Zahlungsverkehr dienten sowohl im Rahmen des Deutschen Genossenschaftsverbandes wie auch im Rahmen des Raiffeisenverbandes Zentralkassen. An die Stelle der „Deutschland-Kasse", die 1945 liquidiert worden war, trat als neues Zentralinstitut des Genossenschaftswesens die Deutsche Genossenschaftsbank als Anstalt des öffentlichen Rechts mit Sitz in Frankfurt.

1957 wurde die Deutsche Bundesbank errichtet; sie löste die Bank deutscher Länder ab. Damit hatte die BR Deutschland eine Zentralbank, wie das Deutsche Reich seine Reichsbank gehabt hatte.

---

34 Ende 1988 gab es 585 Sparkassen und 12 Girozentralen (einschl. Deutsche Girozentrale).

Die Entwicklung des immateriellen Geldes bis zur Gegenwart

Von 1969 bis 1972 wuchs die Stärke der Girozentralen durch drei große Fusionen regionaler Zentralen. Seit 1972 sind die gewerblichen und die ländlichen Kreditgenossenschaften im „Bundesverband der Deutschen Volksbanken und Raiffeisenbanken e. V." in Bonn zusammengeschlossen. Ende 1978 gab es 4607 Kreditgenossenschaften[35] mit 14835 Zweigstellen.

Die Gironetze der Sparkassen und der Kreditgenossenschaften unterscheiden sich von den anderen in der BR Deutschland bestehenden Gironetzen vor allem dadurch, daß sich in ihnen rechtlich selbständige Institute zur gemeinsamen Abwicklung des Zahlungsverkehrs zusammengeschlossen haben. Beide sind die am weitesten verzweigten Netze in der BR Deutschland. Auf die Sparkassen und Kreditgenossenschaften zusammen entfällt mehr als die Hälfte sowohl des gesamten Sichteinlagevolumens (bei allen deutschen Geldinstituten einschließlich der Postgiroämter) als auch des gesamten bargeldlosen Zahlungsverkehrs in der BR Deutschland. Überweisungs- und Einziehungsaufträge werden, soweit sie nicht im eigenen Hause oder am Platz erledigt werden können, üblicherweise über die jeweils regional zuständigen Zentralen der beiden Netze abgewickelt. Man ist bemüht, möglichst viele Zahlungsvorgänge innerhalb der eigenen Organisation durchzuführen. Man hat auch bestimmte Eilverfahren zur Abwicklung der Zahlungen eingeführt.

Die Post hat mit ihren rd. 18000 Zahlstellen und rd. 110000 Briefkästen (Ende 1988) ein noch stärker verästeltes Netz als die Kreditgenossenschaften. Den bargeldlosen Zahlungsverkehr erledigen die 13 Postgiroämter (Postscheckämter); bei ihnen werden die Girokonten der Postscheckteilnehmer geführt („Postbankservice"). Das Postscheckkonto kann durch Bareinzahlung oder durch Überweisung des Kontoinhabers oder einer dritten Person gespeist werden. Außerdem übernimmt das Postscheckamt für seine Kunden den Einzug von Schecks und

---

35 Ende 1988 gab es 3361 Kreditgenossenschaften; außerdem 6 genossenschaftliche Zentralbanken (einschl. Deutsche Genossenschaftsbank).

VI. Die Entwicklung zum immateriellen Geld

Lastschriften zur Kontogutschrift. Der Postscheckteilnehmer kann über sein Guthaben jederzeit in beliebiger Höhe durch Überweisung oder durch Postscheck verfügen. Außerdem sind Dauerüberweisungsaufträge und Lastschrift-Einzugsermächtigungsverfahren möglich. Überziehungen der Konten sind nicht statthaft, werden allerdings bei Lastschriften bis zu einer Grenze von einigen Hundert DM hingenommen; doch muß die Überziehung unverzüglich abgedeckt werden. Seit 1976 nimmt die Deutsche Bundespost auch am Euroscheck-System (einschließlich der Eurokarte) teil; sie händigt ihren Postscheckkunden unter bestimmten Voraussetzungen Euroschecks aus.

Der bargeldlose Zahlungsverkehr bei der Post und deren Postscheckdienst haben ein starkes Gewicht erlangt. Ende 1987 gab es rd. 4,55 Mio. Postgirokonten.

Auch die Filialsysteme privater Banken sind Gironetze. Dies gilt besonders für die Filialnetze der Großbanken[36]. Auch diese haben erheblich zur Entwicklung des bargeldlosen Zahlungsverkehrs beigetragen; sie haben bald erkannt, daß sich dieser Zahlungsverkehr nützlich auf ihr Kreditgewährungspotential auswirkt. Im Vergleich zu den Gironetzen der Sparkassen und der Kreditgenossenschaften und auch wegen der Konkurrenz der Bundespost ist die Anzahl der Zweigstellen der einzelnen Großbanken relativ klein. Die Großbanken sind jedoch an den wirtschaftlich bedeutenden Plätzen der BR Deutschland vertreten. Wahrscheinlich ist – angesichts der Kundenstruktur der Großbanken – der im Durchschnitt im bargeldlosen Zahlungsverkehr bewegte Betrag größer als in den Gironetzen der Sparkassen, der Kreditgenossenschaften und der Post. Die Großbanken leiten Überweisungen fast nur über ihr Zweigstellennetz; Schecks lassen sie dagegen, selbst wenn sie auf eine Filiale des eigenen Instituts gezogen sind, meist über das Gironetz der Bundesbank einziehen.

---

36 Dies sind die Deutsche Bank, die Dresdner Bank und die Commerzbank – mit je einem Tochterinstitut in West-Berlin.

Die Entwicklung des immateriellen Geldes bis zur Gegenwart

Also historisch bedingt gibt es in der BR Deutschland gruppenspezifische Verrechnungsbeziehungen, die wiederum in gegenseitigen Verrechnungsbeziehungen stehen. Dabei hat das Gironetz der Bundesbank eine besondere Bedeutung. Im nationalen bargeldlosen Zahlungsverkehr ist es die oberste Verrechnungsebene, auf der die Geldbeziehungen der gruppenspezifischen Untersysteme endgültig ausgeglichen werden können.

Jedermann kann sich am Giroverkehr der Bundesbank beteiligen. In der Praxis unterhalten allerdings außer den Kreditinstituten und den öffentlichen Stellen nur größere Firmen Girokonten bei der Bundesbank. Das Gironetz der Bundesbank besteht aus den Landeszentralbanken mit deren mehr als 200 Haupt- und Zweigstellen. Wer am Giroverkehr der Bundesbank teilnehmen will, muß bei der örtlich zuständigen Landeszentralbank ein Girokonto haben; das Guthaben auf ihm wird nicht verzinst.

Die Bundesbank nimmt von jedermann Schecks, Lastschriften und andere Inkassopapiere als sogenannte Auftragspapiere zur Einziehung entgegen. Der eingezogene Betrag wird jeweils nach dessen Eingang von der Zahlstelle bzw. bezogenen Bank gutgeschrieben. Seit 1950 praktiziert die Bundesbank einen sogenannten vereinfachten Scheckeinzug, der 1966 auf das Lastschriftverfahren ausgedehnt worden ist. Inhaber von Girokonten bei den Landeszentralbanken können das Bundesbanknetz nicht nur zum Einzug von Schecks, die auf dritte Banken gestellt sind, benutzen, sondern auch selbst Schecks auf die Landeszentralbank ziehen.

Bei den Hauptstellen und Zweigstellen der Landeszentralbanken sind sogenannte Abrechnungsstellen eingerichtet worden, die dazu dienen, Zahlungen zwischen den am Ort ansässigen Banken vereinfacht zu verrechnen.

Der unbare Zahlungsverkehr ist bei den Kreditinstituten heutzutage weitgehend automatisiert. 1970 wurde eine einheitliche Bankleitzahl eingeführt. Immer mehr haben sich auch Einzel-

VI. Die Entwicklung zum immateriellen Geld

institute die technischen Hilfsmittel zur vollmaschinellen Belegverarbeitung angeschafft. Ende 1975 einigten sich die Spitzenverbände des Kreditgewerbes und die Bundesbank auf einen einheitlichen Aufbau eines sogenannten Datensatzes zum beleglosen Datenträgeraustausch (Magnetband-Clearing-Verfahren). Die Daten werden dabei computergespeichert. Ein nächster Schritt war die Datenfernübertragung zur nächsten Stelle im Zahlungswege, der sogenannte Dateienaustausch (er beschleunigt im Vergleich zum Datenträgeraustausch den Zahlungsverkehr erheblich). Mit dem Bildschirmverfahren können auch papierlos Zahlungsverkehrsnachrichten übermittelt werden bis zum Geldinstitut des Zahlungsempfängers.

Der Vereinfachung von Barauszahlungen dienen seit 1979 Geldautomaten, deren man sich mit der Euroscheckkarte in Verbindung mit einer geheimen Code-Nummer bedienen kann.

Heutzutage hat mehr als die Hälfte der deutschen privaten Haushalte ein Girokonto. Diese Konten dienen hauptsächlich dem bargeldlosen Zahlungsverkehr. Lastschriftverfahren und Daueraufträge sind immer beliebter geworden. Die Einführung von kartengesteuerten Zahlungssystemen mit Point-of-Sale-Terminals in den 80er Jahren hat die Zahlungsgewohnheiten erneut in Richtung der bargeldlosen Zahlung verschoben.

Der bargeldlose Zahlungsverkehr und mit ihm also der Gebrauch des immateriellen Geldes werden sicherlich in Zukunft noch erheblich zunehmen und die Bargeldzahlung weiter verdrängen.

Der Scheck

Einen gewissen Scheckverkehr gab es schon im Altertum. In Italien hat er sich als etwas Komplementäres zum Depositengeschäft im 15. Jhrh. entwickelt. Im 17. Jhrh. fand er in den Niederlanden in größerem Umfang Verwendung, was vornehmlich

Der Scheck

mit der Tätigkeit der Bank von Amsterdam zusammenhing. In England wurde — wie erwähnt — mit der Peel'schen Bankakte von 1844 der Banknotenumlauf strikt begrenzt. Dies führte in der Wirtschaft dieses Landes zu einem vermehrten Bedürfnis, bargeldlos zu zahlen. Um diesem Bedürfnis zu entsprechen, verwendete man in England seit Mitte des 19. Jhrh. weitgehend den Scheck als Zahlungsmittel. Seine Ausbreitung wurde nicht zuletzt durch die industrielle Revolution begünstigt, die in England ihren Anfang genommen hat, und zwar bereits in der ersten Hälfte des 19. Jahrhunderts. Nach englischem Vorbild ist die Scheckpraxis auf dem europäischen Kontinent und weiter in aller Welt übernommen worden.

In Deutschland erlangte der Scheckverkehr erst gegen Ende des 19. Jhrh. stärkere Bedeutung. 1908 wurde das erste deutsche Scheckgesetz erlassen; davor hatte das Recht der kaufmännischen Anweisung gegolten. 1909 wurde — wie erwähnt — den Sparkassen die passive Scheckfähigkeit zugestanden. Bei den Sparkassen durften die Giroguthaben, also die finanzielle Grundlage des Scheckverkehrs, allerdings 10% des Sparguthabenvolumens nicht übersteigen. 1917 wurde diese Grenze auf 25% erhöht. Das Scheckgesetz von 1908 wurde 1930 novelliert, um einige Lücken im Gesetz zu schließen. 1931 fand in Genf eine Scheckrechts-Konferenz statt, an der 29 Staaten teilnahmen. Zur internationalen Vereinheitlichung des Scheckverkehrs wurden drei Abkommen und ein einheitliches Scheckgesetz vorgeschlagen. Diesem Vorschlag folgte weitgehend das neue deutsche Scheckgesetz von 1933, das 1934 in Kraft trat. Das Gesetz ist noch heute gültig.

Der Scheck ist ein Instrument der bargeldlosen Zahlung. Bargeldlose Zahlung bedeutet, daß eine gegen eine Bank (oder anderes Geldinstitut) gerichtete „täglich" fällige Forderung auf Bargeld an ein anderes (drittes) Rechtssubjekt abgetreten wird (BGB §§ 398 ff.). Zur Abtretung einer Forderung bedarf es nicht der Zustimmung des Schuldners der Forderung.

VI. Die Entwicklung zum immateriellen Geld

Daß man anstelle von Bargeld auch mit Buchgeld zahlen kann, beruht auf der Bereitschaft der Wirtschaftssubjekte, Zahlungen bargeldlos anzunehmen. Unsere Rechtsordnung ermöglicht die Schuldentilgung mit Buchgeld, da die einschlägigen Rechtsvorschriften (Erlöschen von Schuldverhältnissen durch Erfüllung, BGB §§ 362 ff.) nicht etwa die Verwendung von gesetzlichem Zahlungsmittel zur Schuldtilgung vorschreiben, sondern im Gegenteil den Rechtssubjekten (hier Schuldner und Gläubiger) es überlassen, verbindlich — auch durch schlüssiges Verhalten, insbesondere Angabe des Geldinstituts und der Kontonummer auf Geschäftsbriefen oder Rechnungen — zu vereinbaren, daß bargeldlos gezahlt werden kann.

Ein Scheck verbrieft die Anweisung des Scheckausstellers und Unterzeichners an seine Bank, zu Lasten seines Girokontos einen bestimmten Geldbetrag an den Schecknehmer („Remittenten") gegen Übergabe des Schecks zu zahlen. Die Bank ist der „Bezogene".

Der Scheck ermöglicht es, Buchgeld anstelle von Bargeld von Hand zu Hand zu reichen. Ein Scheck hat den Vorteil, daß er auf jeden beliebigen Betrag ausgeschrieben werden kann. Auch ist er diebstahlssicherer als Bargeld, da ein Dieb mit einem Scheck grundsätzlich nichts anfangen kann.

Der Scheck ist ein echtes Wertpapier (ein Wertpapier im engeren und eigentlichen Sinne), das an strenge Formen gebunden ist. Das Recht an der verbrieften Forderung folgt dem Recht am Papier (ein Jurist weiß, was damit gemeint ist). Der Scheck wird nämlich nach sachenrechtlichen, nicht nach schuldrechtlichen Grundsätzen übertragen. Zur Geltendmachung des Rechts ist die Inhabung des Schecks erforderlich. Nach juristischer Terminologie ist der Scheck allerdings kein Inhaberpapier, sondern ein „geborenes Orderpapier". Die bezogene Bank ist aufgrund eines mit dem Kunden geschlossenen „Scheckvertrages" verpflichtet, alle auf sie gezogenen Schecks einzulösen, soweit diese durch Guthaben oder Kreditvereinbarung gedeckt sind. Im Gegensatz zum Wechsel ist der Scheck kein Kreditpapier, sondern ein Zahlungspapier. Bestimmungen im Scheckgesetz wirken darauf hin, daß der Scheck kurzfristig zur Zahlung vorgelegt wird. Im Inland ausgestellte Schecks müssen innerhalb von 8 Tagen seit dem Ausstellungsdatum zur Zahlung präsentiert werden; im Ausland ausgestellte Schecks innerhalb von 20 Tagen. Befinden sich Ausstellungsort und Zahlungsort in verschiedenen Erdteilen, beträgt die Frist allerdings 70 Tage. Die Scheckkarte und der Euroscheck – mit einer von der Bank garantierten Einlösungssumme von derzeit maximal 400 DM – haben die Verwendung des Schecks sehr gefördert.

Ein Scheck wird im Zweifel nur „erfüllungshalber", nicht an „Erfüllungs Statt" angenommen. Dies bedeutet, daß mit der Scheckbegebung die Schuld noch nicht getilgt wird. Erst mit der Gutschrift des Scheckbetrages auf dem Bankkonto des Schecknehmers wird die Schuld getilgt. Durch einen Vermerk „nur zur Verrechnung" oder durch einen gleichbedeutenden Vermerk auf dem Scheck kann der Aussteller und jeder Inhaber untersagen, daß der Scheck bar bezahlt wird. Der Bezogene darf in diesem Fall den Scheck nur im Wege der Gutschrift (Verrechnung, Überweisung, Ausgleichung) einlösen.

Der Scheck ist kein Geld, sondern lediglich ein materielles (papierenes) Hilfsmittel, über Geld, nämlich Buchgeld, zu verfügen.

Der Scheck eignet sich von allen papierenen Hilfsmitteln der bargeldlosen Zahlung, zu denen insbesondere auch die Formulare zur Überweisung von Geldinstitut zu Geldinstitut gehören, am besten dazu, Waren zu kaufen, zumal der Schecknehmer zur Verwertung des Schecks (eines Barschecks) kein Bank- oder Postscheckkonto zu haben braucht. Die Engländer bringen den Scheck sogar in einen unmittelbaren Zusammenhang mit dem Begriff des immateriellen Geldes: Sie definieren Buchgeld als Guthaben, über das man mit Scheck verfügen kann.

VI. Die Entwicklung zum immateriellen Geld

Die steigende Gewohnheit, Ware mit Scheck zu bezahlen, führte dazu, daß das immaterielle Geld ein wichtiger Faktor für den Umfang der preiswirksamen Nachfrage wurde. Die Entwicklung des Scheckverkehrs reflektiert zu einem guten Teil die wachsende ökonomische Bedeutung des immateriellen Geldes.

Der Scheckverkehr erspart auch im Endeffekt Bargeld, da die Banken in einer — von ihnen geschaffenen — Clearing-Union miteinander verbunden sind, aufgrund deren alle an einem Tage zu begleichenden Forderungen und Gegenforderungen miteinander ausgeglichen und getilgt werden (Abrechnungsverkehr der Banken untereinander).

Es gibt bekanntlich auch Reiseschecks. Erstmals wurden sie 1891 von der American Express Company ausgegeben. Ob Reiseschecks Schecks im Sinne des Scheckgesetzes sind, ist umstritten.

Die Überweisung

Bei der Überweisung von Bank zu Bank (genauer von Geldinstitut zu Geldinstitut) muß — anders als beim Scheck — auch der Empfänger ein Bankkonto oder Postscheckkonto haben. Außerdem muß dem Zahlenden das Geldinstitut und die Kontonummer des Empfängers bekannt sein. Gleichwohl ist die Überweisung ein bequemes, fortschrittliches und gutes Zahlungsverfahren, das gerade auch in Deutschland sehr gebräuchlich ist.

1909 ist — wie erwähnt — in Deutschland der Postscheckverkehr eingeführt worden. Durch diese Einbeziehung der Post sind die Überweisungsmöglichkeiten erheblich erweitert worden.

Da Buchgeld kein gesetzliches, aufdrängbares Zahlungsmittel ist, tilgt der Überweisende seine Verbindlichkeit nur dann, wenn der Gläubiger mit einer Zahlung durch Überweisung einverstanden ist. Ein Einverständnis wird unterstellt, wenn der Gläubiger seine Kontonummer auf seinen Briefbögen oder seiner Rechnung angegeben hat. Die Verbindlichkeit des Schuldners erlischt erst mit der Gutschrift auf dem Konto des Gläubigers. Juristisch relevant ist dies z. B. im Falle der „steckengebliebenen" Überweisung, die aber selten vorkommt.

In den Überweisungsformularen fand sich früher meist der Vermerk „oder auf ein anderes Konto des Empfängers". Dies ist die sogenannte Fakultativklausel. Sie hat die Bedeutung, daß jedes Geldinstitut, dem eine Überweisung zugeht, den Betrag dem Konto ihres Kunden auch dann zuschreiben kann, wenn im Überweisungsträger als Kontoverbindung eine andere Bank angegeben ist. Der Überweisungsverkehr ist heutzutage weitgehend automatisiert. Schon dadurch hatte die Fakultativklausel an praktischer Bedeutung verloren. Der Bundesgerichtshof (BGH) hat mit Urteil vom 5. Mai 1986 die Fakultativklausel für unwirksam erklärt.

Im Rahmen des Überweisungsverkehrs hat der Dauerauftrag eine erhebliche Bedeutung erlangt. Bei wiederkehrenden, periodischen Zahlungen bedient man sich gern eines Dauerauftrages. Daueraufträge können mit Hilfe der elektronischen Datenverarbeitung ausgeführt werden – ein rationelles Verfahren. Häufig ist allerdings das Lastschriftverfahren noch zweckmäßiger als ein Dauerauftrag, besonders auch für den Kunden.

Der Überweisungsverkehr hat für die Bank liquiditätserhaltende Wirkung. Besonders bei den Sparkassen, aber auch bei den Kreditgenossenschaften, ist er bis in die neueste Zeit hinein die bevorzugte Form der bargeldlosen Zahlung gewesen. Diese Bevorzugung der Überweisung hängt damit zusammen, daß Sparkassen und Kreditgenossenschaften jeweils ein gut ausgebautes eigenes Gironetz haben. Neuerdings ist allerdings das Lastschriftverfahren sehr im Kommen.

Das Lastschriftverfahren

Auch beim Lastschriftverfahren wird über Buchgeld verfügt. Das Lastschriftverfahren gleicht mehr dem Scheckverfahren als dem Überweisungsverfahren.

VI. Die Entwicklung zum immateriellen Geld

Es ist zu unterscheiden zwischen Abbuchungsverfahren und Einzugsermächtigungsverfahren. Beim Abbuchungsverfahren ermächtigt der Kunde die Bank, an den Gläubiger zu zahlen. Beim Einzugsermächtigungsverfahren ermächtigt der Schuldner seinen Gläubiger, über sein Bankkonto zu verfügen; der Gläubiger „holt" sich dann das Geld vom Konto des Schuldners.

Das Lastschriftverfahren hat sich sehr bewährt. Es ist für jemanden, der einem anderen Rechtssubjekt wiederkehrende Zahlungen zu erbringen hat, sehr bequem. Es vereinfacht erheblich den Zahlungsverkehr. Das Verfahren ermöglicht auch vorzüglich den Einsatz elektronischer Datenverarbeitungsanlagen. Es gewinnt einen immer größeren Anteil am gesamten bargeldlosen Zahlungsverkehr.

Die Kreditkarte

Die Kreditkarte ist in den USA inauguriert worden. Bei den Amerikanern ist sie sehr gebräuchlich und verbreitet – weit mehr als unter den Bürgern anderer Staaten. Die Kreditkarte ist ein Instrument, mit dessen bloßer Vorlage der Inhaber Waren oder Dienstleistungen ohne sofortige Bezahlung erhält. Er braucht lediglich einen Rechnungsbeleg zu unterzeichnen. Abgerechnet und bezahlt wird später, und zwar im Rahmen von Sammelrechnungen durch eine zentrale Stelle – meist in einem monatlichen Turnus. Kreditkarten werden von Handels- und Dienstleistungsunternehmen, von Kreditinstituten und von besonderen Kreditkartengesellschaften ausgegeben.

Auch bei den Deutschen gewinnt die Kreditkarte in jüngster Zeit immer mehr Anhänger. Im Vergleich zu den USA und auch zu Großbritannien ist in der BR Deutschland die Kreditkarte aber noch nicht sehr gebräuchlich; die Mehrzahl der Deutschen zieht es bisher noch vor, in anderer, herkömmlicher Weise zu zahlen (mit Bargeld, mit Euroschecks usw.).

Mindestreserven

In England haben die Banken traditionell freiwillig eine Quote von ihren Kundendepositen bei der Bank of England in Bargeld und in Guthaben gehalten („cash ratio" bzw. „reserve ratio"). Die Bank of England hat sich dabei kraft ihres großen Ansehens mit Erfolg mit der „moral suasion" (gütliches Zureden, ins Gewissen reden) begnügen können. 1971 verpflichteten sich die englischen Banken, bei der Bank of England in einer Mindesthöhe Liquiditätsreserven zu unterhalten und daneben in variabler Höhe, die von der Bank of England festgelegt wurde, verzinsliche Mindestreserven.

In den USA wurden erstmals 1913/1914 Mindestreserven statutarisch eingeführt, nämlich eine Mindestreservepflicht gesetzlich verankert. Die Grundidee war es, daß die Banken eine Reserve zu Liquiditätszwecken unterhalten müssen.

J. M. Keynes hatte in seinem berühmten Buch „Treatise on Money" 1930[37] vorgeschlagen, die Zentralbanken zu ermächtigen, die Mindestreservesätze nach dem jeweiligen geld- und kreditpolitischen Erfordernis zu variieren, die Mindestreserven also zum Gegenstand der einschlägigen Steuerung durch die Zentralbank zu machen. Die USA folgten dieser Idee schon 1935, die meisten anderen Länder nach dem Ende des Zweiten Weltkrieges. Mittlerweile haben die meisten europäischen Staaten der „westlichen" Welt und auch mehrere außereuropäische Staaten ein Mindestreservesystem eingeführt.

In Deutschland gab es im Kreditwesengesetz 1934 eine Rahmenvorschrift für Mindestreserven, von der aber nicht Gebrauch gemacht wurde. Erst mit der Währungsreform 1948 wurde — nach amerikanischem Vorbild — ein Mindestreserve-

---

[37] Sein anderes berühmtes Buch ist „The General Theory of Employment, Interest and Money", erschienen 1936, in dem er etwas ganz anderes (teilweise sogar konträr anmutendes) als 1930 abgehandelt und vertreten hat, mit dem er nämlich den „Keynesianismus" begründet hat.

VI. Die Entwicklung zum immateriellen Geld

system eingeführt. In der BR Deutschland müssen Mindestreserven (Pflichtreserven) bei der Bundesbank in bestimmten Prozentsätzen der verschiedenen Einlage-Kategorien (Sichteinlagen, Termineinlagen, Spareinlagen) gehalten werden. In Frankreich dagegen hat man eine Relation zu den Aktivposten der Bank vorgezogen. Die Einlagen bei der Bundesbank (Mindestreserven) sind unverzinslich. Sie schmälern also die Rentabilität der Geschäftsbank.

Die Mindestreserven sind eine gewisse Liquiditätsquelle (im Notfall – bei einem großen Run auf die Banken nach Bargeld – reichen sie aber nicht aus); sie sind vor allem ein Instrument für die Bundesbank, die Liquidität der Banken zu steuern, diese nämlich entweder einzuschränken, also die Buchgeldschöpfung der Banken zu „entmutigen", oder die Liquidität zu erweitern. Ursprünglich hatte man sich vorgestellt, daß bei einer Erhöhung der Mindestreserven die Banken Kredite kündigen. Diese Erwartung hat sich aber nur zu einem bescheidenen Teil bewahrheitet; die Banken haben sich bei Bedarf vornehmlich Liquidität auf dem Markt (bei einer anderen Bank, eventuell einer ausländischen) beschafft (geborgt), ohne Kredite zu kündigen. Vieles läuft eben in der Praxis anders, als man es sich in der Theorie vorgestellt hat, und so manche Lehrmeinung ist bis in die jüngste Zeit von der Praxis widerlegt worden[38] (verbal, scheinbar ganz logisch, begründen läßt sich so gut wie jede Theorie[39]).

---

38 Im Anschluß an die Weltwirtschaftskrise 1929–1932/1933 (permanentes, sich mit der Zeit sogar noch vergrößerndes Ungleichgewicht auf Deflationsebene) mußte schließlich die ganze („klassische") Volkswirtschaftstheorie revidiert werden, was *Keynes* mit seiner neuen Lehre auch getan hat.

39 Dies gilt sogar für Theorien, die einander gröblich widersprechen und von denen mindestens eine nicht richtig sein kann. Ob eine Theorie richtig bzw. unrichtig ist, kann immer nur anhand der Praxis beurteilt, also empirisch verifiziert werden. Dies ist allerdings häufig deswegen schwierig, weil im Einzelfall überkompensierende Faktoren wirksam sein können, welche die Richtigkeit bzw. Unrichtigkeit einer Theorie verdunkeln oder sogar scheinbar widerlegen.

Mindestreserven

Besonders bei einer Bündelung mit gleichgerichteten Maßnahmen, z. B. einer Diskontsatzänderung und/oder Lombardsatzänderung, einer Änderung der Rediskont-Kontingente und eventuell auch der Zinssätze, zu denen die Bundesbank von den Kreditinstituten Wertpapiere in Pension hereinnimmt, kann allerdings die Änderung der Mindestreservesätze prompte und auch nachhaltige Wirkung erzielen. Vielfach kommt es dabei auch auf die jeweilige gesamtwirtschaftliche Situation an, z. B. auf die Bereitschaft der Wirtschaftssubjekte, sich zu verschulden, auf deren Investitionsneigungen, Sparverhalten sowie auf andere ökonomisch relevante Präferenzen und Propensitäten.

Die Mindestreservesätze sind nach der Fristigkeit der Einlagen gestaffelt. Hinsichtlich inländischer Einleger sind im Bundesbankgesetz Höchstsätze festgelegt: für Sichteinlagen 30%, für Termineinlagen 20%, für Spareinlagen 10%. Für Einlagen von Gebietsfremden gelten andere Maßstäbe (bei ihnen kann u. U. eine Reserve bis zu 100% verlangt werden).

Andererseits hatte die Bundesbank 1961 zugelassen, daß die Banken Einlagen von Gebietsfremden mit Forderungen an Gebietsfremde kompensieren; diese und ähnliche Maßnahmen waren gezielte Aktionen zu einem bestimmten Zweck, z. B. einer Förderung des Geldexportes – dazu hat die Bundesbank sich zeitweise auch der sogenannten Swapsatz-Politik bedient –, manchmal in zeitlichem Zusammenhang mit Paritätsänderungen der D-Mark. Auch später kam es manchmal zu Ad-hoc-Regelungen. Im Mai 1985 war eine Regelung im Gespräch, die das Ziel hatte, Geldgeschäfte, die bis dahin im Ausland getätigt wurden, wieder in die BR Deutschland zurückzuverlagern.

Inhaberschuldverschreibungen, die nach dem 20. Dezember 1985 begeben sind und Laufzeiten unter zwei Jahren haben, hat man in die Mindestreservepflicht einbezogen.

Die Bundesbank differenziert hinsichtlich der Mindestreservesätze auch nach weiteren Merkmalen, nämlich bei den Sichtverbindlichkeiten (bis 30. 4. 86 auch bei den befristeten Verbindlichkeiten und bei den Spareinlagen) nach drei „Progressionsstufen" (= nach der Höhe der gesamten reservepflichtigen Verbindlichkeiten); außerdem nach Bankplätzen und nach Betriebsgrößen (kleinere Geldinstitute werden grundsätzlich weniger getroffen). In Perioden starker Anspannung am Geldmarkt hat die Bundesbank gelegentlich die Mindestreservesätze noch nach weiteren Kriterien abgestuft.

In der Praxis werden die gesetzlichen Höchstsätze bei weitem nicht ausgeschöpft.

Jede Bank hat ein „Reserve-Soll", zu unterscheiden von dem „Reserve-Ist" (dem tatsächlichen Mindestreservebestand). Jede Bank muß ihr Reserve-Soll nur im Durchschnitt eines jeden Kalendermonats erfüllen, hat also über den Kalendermonat hin einen gewissen Spielraum. Erfüllt sie ihr Mindestreserve-Soll nicht, kann die Bundesbank von ihr eine Geldstrafe fordern, die für den Fehlbetrag in einigen Prozentpunkten über dem Lombardsatz berechnet wird. Keine Bank darf aber − nach Art eines Kontokorrentkredits − ihr Bundesbankguthaben überziehen. Sie muß bei Überschreitungen, die sich im Abrechnungsverkehr herausstellen, für sofortige Deckung sorgen.

Interbankeinlagen (nämlich Einlagen bei Kreditinstituten, die selber mindestreservepflichtig sind) sind nicht mindestreservepflichtig, was eine ins Gewicht fallende Privilegierung dieser Einlagen bedeutet.

Der Kassenbestand (Bestand an Bargeld) einer Bank wird dieser auf ihr Mindestreserve-Soll angerechnet, d. h. von dem Soll abgezogen.

Die Zahlen der einzelnen Banken werden zu statistischen Zwecken zu einer Gesamtzahl aggregiert.

Sichtguthaben werden von den Kreditinstituten teilweise auch über das Pflicht-Soll hinaus bei der Bundesbank unterhalten. Es handelt sich um Zentralbank-Buchgeld, über das die Bank frei verfügen kann. Da auch diese Überschußguthaben unverzinslich sind, sind die Banken nicht daran interessiert, das Volumen übermäßig anwachsen zu lassen. Es handelt sich um bloße Spitzenbeträge, die im Gesamtvolumen des Buchgeldes nur eine äußerst bescheidene Rolle spielen.

Die Buchgeldschöpfung

Die Geschäftsbanken „schöpfen" (schaffen) Geld, nämlich Buchgeld: Sie räumen einem anderen Rechtssubjekt eine täglich fällige Forderung auf Bargeld gegen sich selbst ein. Begrenzt ist diese Geldschöpfung dadurch, daß jede Bank genügend Zentralbankgeld (Bargeld, Sichtguthaben bei der Bundesbank) haben muß, den Kunden auf deren Wunsch Bargeld auszuzahlen; jeder Kunde kann ja seine Buchgeld-Forderung gegen die Bank jederzeit in Bargeld umwandeln. Von der Gesamtheit dieser Umwandlungsrechte wird aber nur zu einem relativ kleinen Teil Gebrauch gemacht; eine Bank braucht daher nur ein entsprechend geringes Volumen an liquiden Mitteln, nämlich an Zentralbankgeld zu halten. Das Bargeldmonopol (das Monopol, Bargeld zu schaffen bzw. in Umlauf zu geben) hat die Bundesbank. An sie sind also die Banken hinsichtlich ihres Geldschöpfungspotentials letztlich gebunden. Die Banken halten relativ wenig Bargeld in ihren Kassen; ihre Bargeldreserve betrug zusammen Ende Januar 1989 rd. 13 Mrd. DM. Ihre Sichtguthaben bei der Bundesbank übertreffen ihre Bargeldreserve um ein Vielfaches.

Außerdem können sich die Banken bei der Bundesbank Zentralbankgeld borgen, indem sie ihr Kreditpapiere verkaufen, z. B. Wechsel diskontieren lassen − auch dies wird als ein Kredit der Bundesbank konzipiert − oder verpfänden (Lombard). Diese Möglichkeiten werden von der Bundesbank beschränkt, besonders durch Rediskont-Kontingente, und sie werden durch die autonome Festsetzung des Zinssatzes, zu dem die Bundesbank Kredite gewährt, gesteuert. Die Banken können der Bundesbank auch Devisen gegen D-Mark verkaufen (für die Bundesbank besteht aber kein Kaufzwang), also auf diese Weise deutsches Geld erwerben.

VI. Die Entwicklung zum immateriellen Geld

Man unterscheidet „passive" Giralgeldschöpfung und „aktive" Giralgeldschöpfung. Eine passive Giralgeldschöpfung liegt z. B. vor, wenn ein Kunde eine Spargeldeinlage oder eine Termingeldeinlage in eine Sichteinlage umwandeln läßt. Bei der aktiven Giralgeldschöpfung gewährt die Bank in aller Regel ihrem Partner – evtl. im Anschluß an eine Kreditzusage – einen Kredit in Form eines (neu geschaffenen) Sichtguthabens. Heutzutage wird das meiste Geld in dieser Weise, also in Verbindung mit einer Kreditgewährung, neu geschaffen; dies ist die eigentliche „Geldschöpfung" durch die Geschäftsbanken.

Für einen Juristen ist es unproblematisch, daß Geld sozusagen „aus dem Nichts" geschöpft (geschaffen) wird. Jeder deutsche Jurist kennt das „abstrakte Schuldversprechen" (BGB §§ 780–782). Hier und da wird (zu unrecht) noch immer bestritten, daß eine solche Geldschöpfung möglich ist[40].

Buchgeld kann auch außerhalb einer Kreditgewährung geschöpft werden[41]. Eine solche Art, Geld zu schöpfen, ist aber als eine Ausnahme von der Regel anzusehen, da ja das typische Bankgeschäft im Borgen und Ausleihen von Geld besteht, also ein Kreditgeschäft ist.

Eine Bank, die einem Kunden gegen Bargeld ein Sichtguthaben einräumt oder der von einer anderen Bank ein Sichtguthaben transferiert wird, erlangt damit eine Einlage. Nach den Mindestreservevorschriften muß sie zwar einen Teil (äußerstenfalls 30%, in der Praxis viel weniger) des empfangenen Wertes bei der Bundesbank einlegen. Außerdem wird sie möglicherweise

---

40 *Rittershausen*, S. 217, leugnet diese Möglichkeit mit dem Argument, nur Gott könne etwas aus dem Nichts schöpfen.
41 Eine Bank kann z. B. Sachgüter kaufen oder Dienstleistungen entlohnen (wobei es sich nicht unbedingt um Geschäfte für den eigenen Betrieb handeln muß), indem sie dem Verkäufer bzw. dem Dienstleistenden das Entgelt in Form eines Sichtguthabens bei ihr entrichtet (allerdings muß sie natürlich einen bestimmten Prozentsatz dieses Guthabens als Mindestreserve bei der Bundesbank deponieren).

Die Buchgeldschöpfung

eine kleine Barreserve für die Sichtverbindlichkeit bereitstellen. Der größte Teil der empfangenen Valuta kann ihr aber als Grundlage für eine Kreditgewährung an einen Dritten dienen; den Kredit gewährt sie — wie beschrieben — grundsätzlich in Form von Buchgeld. Wandert dann dieses Sichtguthaben weiter an eine dritte Bank, so tut diese das gleiche wie die Bank, von der sie das Sichtguthaben als Einlage erworben hat (also weitere Kreditexpansion und zugleich zusätzliche Geldschöpfung auch durch diese Bank) und so fort. Jede Bank braucht nur einen gewissen Bodensatz an Zentralbankgeld zu halten, um jederzeit liquide zu sein. Mit mathematischen Formeln läßt sich das gesamte Geldschöpfungspotential (die obere Grenze) des Bankenapparats quantifizieren.

Die Ausweitung des Geldes geht im Prinzip in der gleichen Weise vor sich, wie seinerzeit — wie beschrieben — von den Londoner Goldschmieden praktiziert, nämlich durch eine Ausdehnung des Kredits und zugleich — allerdings in geringerem Umfang — des Geldes über die vorhandenen Einlagen hinaus. Der Unterschied ist insofern lediglich, daß die Londoner Goldschmiede über das bei ihnen eingelegte Metallgeld hinaus Geld in Papierform ausgeweitet haben, aber heutzutage die Banken über das bei ihnen eingelegte Geld hinaus das Geld in immaterieller Form ausweiten. Heutzutage sind die Banken an Mindestreservevorschriften gebunden, durch die das Ausweitungspotential institutionell begrenzt ist; dies ist lediglich ein quantitativer, aber kein grundsätzlicher Unterschied gegenüber den Praktiken der Londoner Goldschmiede für die Geldschöpfung und -ausweitung.

Durch den geschilderten Mechanismus bedingt, ist das gesamte Kreditschöpfungspotential der Banken größer als deren Geldschöpfungspotential. Auf lange Sicht wirkt sich dies dahingehend aus, daß das gesamte Volumen der Bankkredite das gesamte Volumen des Geldes (im ökonomischen Sinne, d.h. als Kaufkraft) um ein Vielfaches übertrifft. So ist in der Volkswirtschaft das Volumen aller Forderungen auf Geld, an denen Ban-

VI. Die Entwicklung zum immateriellen Geld

ken als Schuldner (bzw. als Gläubiger) beteiligt sind, die selber kein „Geld" sind (weil diese Forderungen nicht fällig sind), viel größer als das Volumen des Geldes einschließlich des Buchgeldes, also der Forderungen gegen die Banken auf Bargeld, die — weil „täglich" fällig — selbst „Geld" sind. Kurz gesagt: Der Bankkredit ist um ein Vielfaches größer als das Volumen des Geldes im ökonomischen Sinn.

Das Gegenstück zur Geldschöpfung ist die Geldvernichtung. Beim Buchgeld findet Geldvernichtung statt, wenn ein Sichtguthaben in eine andere Forderung gegen die Bank umgewandelt wird, die zusammen mit einer Kreditgewährung an die Bank entsteht (z. B. Gutschrift von einem Girokonto auf ein Termingeldkonto oder auf ein Spargeldkonto). Geld wird auch vernichtet, wenn eine Bank ein Kreditpapier jemandem gegen Buchgeld verkauft, also einen dem Verkaufswert entsprechenden Betrag von dem Girokonto des Kunden abbucht.

Auf die Dauer wird mehr Geld geschöpft als vernichtet. Das Geldvolumen wächst also ständig an. Dieser Trend zum Anwachsen mutet wie ein Naturtrieb an. Soweit das Wachstum mit einer Expansion des Realkapitals, besonders der Güterproduktion und des Güterangebots einhergeht, ist es dem Modell nach preisneutral. Soweit aber das Geldwachstum das Realkapitalwachstum übertrifft, ist es — jedenfalls der Tendenz nach — preistreibend, hat also eine geldentwertende Wirkung. Die Bundesbank sieht daher ihre Aufgabe vor allem darin, das Geld knapp zu halten, nämlich in nur bescheidenem Maße von Jahr zu Jahr wachsen zu lassen.

Die Funktionen der Bundesbank

Die Deutsche Bundesbank ist die Zentralbank der BR Deutschland. In jedem Staat hat dessen Zentralbank im Prinzip die gleichen Aufgaben zu erfüllen.

Die Funktionen der Bundesbank

Die Aufgabe der Deutschen Bundesbank (ihre Errichtung im Jahre 1957 fußt auf dem Grundgesetz Art. 88 und Art. 73 Nr. 4) ist im Bundesbankgesetz § 3 umschrieben: „Die Deutsche Bundesbank regelt mit Hilfe der währungspolitischen Befugnisse, die ihr nach diesem Gesetz zustehen, den Geldumlauf und die Kreditversorgung der Wirtschaft mit dem Ziel, die Währung zu sichern, und sorgt für die bankmäßige Abwicklung des Zahlungsverkehrs im Inland und mit dem Ausland."

Die der Bundesbank überantwortete Aufgabe, die deutsche Währung zu sichern, bedeutet, den Wert der D-Mark nach innen (binnenländisch) stabil und auch nach außen (international, d.h. den Wechselkurs der D-Mark gegenüber den bedeutenden ausländischen Währungen) hoch zu halten. Stabilität nach innen heißt, die Inlandskaufkraft der D-Mark zu erhalten, also die Preise möglichst stabil zu halten. Eine absolute Preisstabilität ist allerdings nicht gemeint und kommt praktisch – jedenfalls auf längere Sicht – nicht in Frage. Vielmehr beschränkt sich diese Aufgabe der Bundesbank darin, nach Kräften dafür zu sorgen, daß die Preise von Jahr zu Jahr nicht übermäßig steigen, also eine stärkere Geldentwertung zu verhüten. Eine kleine Geldentwertung von Jahr zu Jahr ist völlig normal.

Die wichtigste Machtbefugnis der Bundesbank zur Erfüllung ihrer Aufgaben ist, daß sie das Monopol für deutsche gesetzliche Zahlungsmittel (valutarisches Geld) hat. In der BR Deutschland, wie auch in anderen Staaten der freien Welt, ist nur das Bargeld gesetzliches Zahlungsmittel. Bargeld sind die Banknoten (Geldscheine) und die Geldmünzen. Hinsichtlich der Banknoten hat die Bundesbank in jeder Beziehung ein Monopol: Nur sie darf Banknoten herstellen und in Verkehr geben. Hinsichtlich der Geldmünzen hat der Staat die Herstellungsbefugnis, nämlich kraft seines (traditionellen) Münzregals. Auch die Geldmünzen bringt aber die Bundesbank in den Verkehr. Außerdem hat sie das entscheidende Wort hinsichtlich des Volumens des Münzumlaufs.

VI. Die Entwicklung zum immateriellen Geld

Man kann folglich mit Fug und Recht sagen, daß die Bundesbank das „Bargeldmonopol" hat.

Dieses Monopol gibt der Bundesbank eine starke Position gegenüber allen Kreditinstituten und damit mittelbar auch gegenüber den anderen Wirtschaftssubjekten (Nichtbankensektor). Alle inländischen Wirtschaftssubjekte einschließlich des Staates (also alle öffentlichen Haushalte) sind hinsichtlich des Geldes letztlich auf die Bundesbank angewiesen. Kraft ihres Monopols für alle gesetzlichen Zahlungsmittel hat die Bundesbank die Kreditinstitute „in der Hand", nämlich Macht über sie und Einfluß auf sie.

Zusätzlich gekräftigt wird die Position der Bundesbank durch ihre weitgehende Unabhängigkeit vom Staat, also von der Regierung. In den meisten anderen Ländern ist die Zentralbank nicht derart unabhängig vom Staat, sondern häufig dessen fiskalischen Interessen untergeordnet. Manchmal kommt die Bundesbank in eine gewisse Konfliktsituation zum Staat, besonders zu dessen fiskalischen Wünschen; im ganzen gesehen soll sie aber soweit wie möglich mit dem Staat (den öffentlichen Haushalten) zusammenarbeiten, nämlich ihre Politik mit der Politik des Bundesministers für Wirtschaft und auch des Bundesministers der Finanzen abstimmen und tunlichst koordinieren (vgl. hierzu die „konzertierten Aktionen" in der Vergangenheit). Die Unabhängigkeit der Bundesbank vom Staat ist förderlich für die Geldwertstabilität.

Die Bundesbank hat diverse Instrumente zur Erfüllung ihrer Aufgaben.

Die Bundesbank ist die „Bank der Banken". Außerdem ist sie die Bank des Staates (des Bundes, der Länder, auch anderer öffentlicher Haushalte – nicht aber der Gemeinden).

Die Reichsbank hatte Geschäfte auch direkt mit Wirtschaftssubjekten des privaten Nichtbankensektors getätigt. Sie hatte direkten Kontakt zu manchen Großunternehmen der Wirtschaft, auch um sich „an Ort und Stelle" ein Bild über die Ent-

Die Funktionen der Bundesbank

wicklung der Wirtschaft zu machen. Die Bundesbank dagegen hat keinen vergleichbaren direkten Geschäftskontakt zum inländischen privaten Nichtbankensektor. Sie verkehrt grundsätzlich nur mit den Kreditinstituten (und außerdem — wie die Reichsbank — mit dem Staat). Die Restriktion für die Bundesbank (Kreditgewährung nur an die Kreditinstitute und — in bescheidenem Umfange — an den Staat) hat hauptsächlich den Sinn, die Motive zur Geld- und Kreditschöpfung der Bundesbank zu begrenzen; die Bundesbank ist kein auf Gewinnerzielung bedachtes Erwerbsunternehmen, sondern sie versteht sich binnenwirtschaftlich als „Gegenhalterin" zu den Marktkräften. Anders sieht es hinsichtlich ihres Verkehrs mit dem Ausland aus.

Nach dem Bundesbankgesetz § 22 darf die Bundesbank allerdings Geschäfte mit „jedermann" betreiben. Diese Bestimmung ist ein Relikt aus der Reichsbankzeit; sie hat wenig praktische Bedeutung. Die Bestimmung hat aber insofern ihren Sinn, als sie der Bundesbank eine rechtliche Grundlage dafür gibt, zur Erhaltung ihres eigenen Betriebes direkt Geschäfte mit dem Nichtbankensektor zu tätigen; eine rechtliche Grundlage auch dafür, Einlagen privater Nichtbanken zu haben.

Die Kreditinstitute sind die weitaus wichtigsten „Geschäftspartner" der Bundesbank. Sie müssen — wie beschrieben — bei der Bundesbank Einlagen unterhalten, nämlich die Mindestreserven (Pflichtreserven). Sie können sich andererseits bei der Bundesbank Geld — nämlich Zentralbankgeld — borgen. Die Bundesbank ist die zentrale Instanz für die Refinanzierung des Bankensystems; sie ist für die Kreditinstitute „lender of last resort". Auch die Geschäftsbanken können zwar Kaufkraft schaffen, nämlich in Form des Giralgeldes; sie sind aber auch insoweit letztlich auf die Bundesbank angewiesen, da der Bankkunde sein Giralgeld jederzeit in Bargeld umtauschen kann.

Aktivgeschäfte darf die Bundesbank grundsätzlich nur mit Kreditinstituten tätigen. Die Arten der zulässigen Geschäfte

VI. Die Entwicklung zum immateriellen Geld

sind im Bundesbankgesetz enumerativ aufgezählt. Andere Geschäfte darf die Bundesbank nur für den eigenen Betrieb und für ihre Betriebsangehörigen tätigen. Die wichtigsten Kreditgeschäfte der Bundesbank sind der Ankauf von Inlandwechseln (auch das Rediskontieren von Wechseln ist – wie erwähnt – ein Kredit; die Geschäftsbank haftet aufgrund ihres Indossaments); der Ankauf von Wertpapieren und Devisen im Offenmarktgeschäft mit Rücknahmevereinbarung (Pensionsgeschäfte); der Ankauf von Auslandswechseln und Devisen; Lombardkredite; außerdem Kassenkredite (Buchkredite) an den Bund.

Die Ratio legis, die Art der Aktivgeschäfte streng zu begrenzen, ist die, das Notenbankgeld knapp zu halten. Jedes Aktivgeschäft der Bundesbank führt zu einem Schöpfen von Zentralbankgeld. Zentralbank-Buchgeld (die andere Form des Zentralbankgeldes ist das Bargeld) wird geschöpft und vernichtet im Grunde genauso wie das Giralgeld der Geschäftsbanken. Auch beim Zentralbank-Buchgeld bedarf es stets zweier Partner zum Schöpfen bzw. Vernichten. Während beim Giralgeld Schuldnerin eine Geschäftsbank und Gläubiger ein „Kunde" ist, ist beim Zentralbank-Buchgeld Schuldnerin die Bundesbank. Bei mehr als der Hälfte des Zentralbank-Buchgeldes handelt es sich um die Mindestreserven der Geldinstitute. Diese borgen sich von der Bundesbank u. a. deswegen Geld, um ihr Mindestreserve-Soll zu erfüllen. Ist dieses erfüllt oder gar übererfüllt, können die betreffenden Kreditinstitute den Kredit in entsprechendem Umfang der Bundesbank zurückzahlen.

Nur auf das Zentralbankgeld hat die Bundesbank unmittelbaren Einfluß (und dadurch mittelbar auf die Liquidität der Kreditinstitute, also auf deren Kredit- und Geldschöpfungspotential). Die Bundesbank schöpft – wie erwähnt – Zentralbank-Buchgeld hauptsächlich durch Kreditgewährung an die Banken und, in weitaus geringerem Umfang, an den Staat; daneben schöpft sie D-Mark durch den Kauf von Devisen. Der Gegenwert wird jeweils der Bank bzw. dem betreffenden öffentlichen Haushalt auf einem Girokonto als Sichtguthaben gutgeschrieben.

Die Funktionen der Bundesbank

Seitdem der DM-Wechselkurs gegenüber dem US-Dollar frei ist, ist die Bundesbank vom Zwang frei, US-Dollars zu kaufen; eine bedeutende Inflationsquelle ist damit verstopft worden.

Vernichtet wird Zentralbank-Buchgeld durch die reziproken Vorgänge zur Buchgeldschöpfung, also z. B. durch den Verkauf von Kredittiteln oder Devisen an die Geschäftsbanken durch die Bundesbank.

Die Bundesbank kann das Zentralbankgeld-Volumen (und damit mittelbar auch das Volumen des anderen Geldes – Giralgeld der Geschäftsbanken nebst deren Kreditzusagen) in gewissem Umfang steuern, indem sie z. B. den Zins variiert, zu dem sie Kredite gewährt bzw. Offenmarktgeschäfte tätigt; allzuweit kann sie sich nicht von den Marktkonditionen entfernen, da sie sonst keine Abnehmer für ihre finanziellen Angebote findet; die potentiellen Abnehmer können sich sonst Leihgeld zu günstigeren Konditionen vom Ausland besorgen oder durch Geschäfte untereinander. Die Bundesbank bedient sich daher bei Pensionsgeschäften gern des sog. Tenderverfahrens (es gibt Mengentender und Zinstender). Zinserhöhungen wirken binnenwirtschaftlich liquiditäts- und geldeinschränkend, Zinssenkungen wirken umgekehrt. Doch locken hohe Zinsen Auslandskapital an; niedrige bewirken das Gegenteil. Die Steuerungspolitik der Bundesbank über den Zins und letzten Endes jede Geldverknappung bzw. Geldvermehrung, z. B. auch mit der Rediskont-Kontingentierungs-Politik und der Mindestreservenpolitik, ist daher zweischneidig, besonders auch auf längere Sicht. Otto Veit [42] hat deshalb die Währungspolitik als „Kunst des Unmöglichen" bezeichnet.

Aktiva, welche die Kreditinstitute jederzeit in Zentralbankgeld umwandeln können, nennt man hier und da „potentielles" Zentralbankgeld; sie geben den betreffenden Kreditinstituten quasi-automatische Ziehungsrechte auf die Zentralbank. Sie

---

42 Otto Veit 1969

VI. Die Entwicklung zum immateriellen Geld

haben aber einen etwas niedrigeren Liquiditätsgrad als die Sichtguthaben bei der Bundesbank und erst recht als das Bargeld.

Bei ihrer Steuerung der Zentralbankgeldmenge ist die Bundesbank in erheblichem Umfang – da sie ja jeweils einen Partner für ihre Geschäfte braucht – auf die Mitwirkung der Banken bzw. der öffentlichen Hand angewiesen, sogar deren Initiative bis zu einem gewissen Grad unterworfen.

Das klassische Instrument der Zentralbank, die Geldmenge zu beeinflussen, ist die Diskontpolitik, daneben die Lombardpolitik. Der Lombardsatz ist durchweg etwas höher als der Diskontsatz. Er lag früher im allgemeinen einen Prozentpunkt über dem Diskontsatz. In jüngerer Zeit war die Differenz zwischen Lombardsatz und Diskontsatz größer; sie betrug im allgemeinen 1½ bis 2 Prozentpunkte. Die niedrigste Differenz in der Bundesbankpraxis war ½ Prozentpunkt, die höchste 3 Prozentpunkte. Auch die Bundesbank hat sich selbstverständlich von vornherein dieser Instrumente bedient und bedient sich ihrer noch heute; eine „Offenmarktpolitik" hat sie mit bestimmten kurzfristigen Kredittiteln (Geldmarktpapieren) zur „Feinsteuerung" betrieben (dabei hat sie nur die Abgabesätze veröffentlicht, nicht auch die Rücknahmesätze). In jüngerer Zeit hat sich insofern mancherlei geändert: Die Bundesbank gab zunächst dem Lombardieren zeitweise den Vorzug vor dem Diskontieren (in alten Zeiten hatte es als unfein gegolten für eine Bank, Wertpapiere bei der Zentralbank zu lombardieren). Später bediente sich die Bundesbank eines sog. Sonderlombards. In jüngerer und jüngster Zeit tätigt die Bundesbank zur „Feinsteuerung" mit den Kreditinstituten mit Vorliebe laufend Pensionsgeschäfte über Wertpapiere – eine neue Art von „Offenmarktpolitik". Es handelt sich um Käufe mit Rücknahmevereinbarung. Beim Auslaufen werden diese Geschäfte regelmäßig erneuert, aber mit einer gezielten Variierung des Volumens und/oder des Preises (Zinses) zur Liquiditätssteuerung. Außerdem tätigt die Bundesbank mit den inländischen Kreditinstituten Devisenkäufe und -verkäufe sowie Devisenswapgeschäfte.

Die Funktionen der Bundesbank

Jährlich gibt die Bundesbank ein „Geldmengenziel" in Form eines Rahmens bekannt (Korridors, Spanne, Bandbreite, d. h. eine Obergrenze und eine Untergrenze). Dieses Ziel wird aber häufig überschritten. Man hat daher überlegt, ob man nicht besser auf die Bekanntgabe von Geldmengenzielen verzichten soll, hat aber dann doch diese Praxis beibehalten.

Die Bundesbank hat außerdem für die bankmäßige Abwicklung des Zahlungsverkehrs im Inland und mit dem Ausland zu sorgen; diese Aufgabe steht in gewisser Verbindung zu ihrer Pflicht, den Wert der D-Mark – sowohl binnenwirtschaftlich wie gegenüber dem Ausland – stabil bzw. hoch zu halten. Sie wickelt den Giro- und Abrechnungsverkehr sowie den Scheckeinzug und das Lastschriftverfahren zwischen den Kreditinstituten ab. Dazu steht ihr – wie erwähnt – ein eigenes Gironetz zur Verfügung, vergleichbar dem Gironetz der Reichsbank.

Nach dem Bundesbankgesetz § 17 haben der Bund, das Sondervermögen Ausgleichsfonds, das ERP-Sondervermögen und die Länder ihre flüssigen Mittel bei der Bundesbank auf Girokonto einzulegen; für die Gemeinden besteht eine solche Pflicht nicht. Eine anderweitige Einlegung bedarf der Zustimmung der Bundesbank. Dabei ist – wie das Gesetz vorschreibt – das Interesse der Länder an der Erhaltung ihrer Staats- und Landesbanken zu berücksichtigen. Die Bundesbank hat bis in die jüngste Zeit hinein manchmal vorübergehend Mittel in den Geldmarkt verlegt, um diesen zu verflüssigen.

Das durch Kredit der Bundesbank an den Staat geschaffene Geld soll nicht in andere Gironetze umgeleitet werden; vielmehr soll das entsprechende Kaufkraftpotential im Notenbanksystem stillgelegt werden. Dies ist der hauptsächliche Sinn der Bestimmungen über die Einlagen der öffentlichen Haushalte. Die Kreditgewährung der Bundesbank an den Fiskus ist sehr restriktiv geregelt; der Kredit ist streng plafondiert. Es darf überdies nur kurzfristiger Kredit („Kassenkredit") gewährt werden. Dies alles sind Vorsichtsmaßnahmen, um eine Infla-

VI. Die Entwicklung zum immateriellen Geld

tion mit der Notenpresse (auch Schuldscheindarlehen, Schuldbuchforderungen und anderen langfristigen Kredit der Bundesbank an den Staat) von vornherein auszuschließen.

Es gibt — wie erwähnt — auch Einlagen von privaten inländischen Wirtschaftssubjekten des Nichtbankensektors bei der Bundesbank; doch fallen sie gesamtwirtschaftlich nicht ins Gewicht. Hingegen hat der Umfang der Einlagen des Auslandes bei der Bundesbank ein beachtliches Volumen erreicht.

Die Bundesbank verwaltet auch die nationalen Währungsreserven (Gold, Devisen). Auf diesem Gebiet hat sie aber kein Monopol. Seit der Freigabe des DM-Wechselkurses gegenüber dem US-Dollar ist sie diesbezüglich nicht mehr zu Interventionen verpflichtet; sie interveniert gleichwohl manchmal freiwillig (um unerwünschte kurzfristige Kursschwankungen zu glätten usw.). Im Rahmen des Europäischen Währungssystems besteht aber eine Interventionspflicht, da die Währungen der Mitgliedsstaaten untereinander fixiert sind (hierzu ist ein Fonds gebildet worden).

Was den internationalen Zahlungsverkehr angeht, so sorgt letztlich die Bundesbank für den vollen Ausgleich der Zahlungsbilanz, ggf. durch Abgabe bzw. Hereinnahme von Devisen (übrigens ist die sog. Zahlungsbilanz, da sie nicht auf einen Zeitpunkt — Ende des Kalenderjahrs — abstellt, sondern einen Zeitraum — das Kalenderjahr — erfaßt, gar keine echte Bilanz, sondern ähnelt eher einer Gewinn- und Verlustrechnung).

Die Bundesbank kooperiert auch vielfach mit den Zentralbanken anderer bedeutender Industriestaaten. Bei großen internationalen Währungsturbulenzen (z.B. bei einem spekulativen Run auf die D-Mark) ist eine solche Kooperation oft das einzig wirksame Mittel, eine der Volkswirtschaft abträgliche Devisenspekulation zu entmutigen. Manchmal sind aber die Marktkräfte derart übermächtig, daß auch gemeinsame Aktionen der Zentralbanken im Ergebnis nichts gegen sie ausrichten können.

Die Funktionen der Bundesbank

Gegenüber den Euromärkten ist die Bundesbank weitgehend machtlos (hierüber später).

Den Plänen für eine gemeinsame europäische Währung der Mitgliedsländer des Europäischen Währungssystems begegnet die Bundesbank zu Recht mit Vorbehalten (nämlich im Interesse einer stabilen deutschen Währung).

Die Bundesbank erstellt wöchentlich eine Bilanz und macht diese als „Wochenausweis" publik. Sie erläutert ihren Wochenausweis und schildert dabei kurz die jüngste Entwicklung (Zentralbankguthaben und Refinanzierung der Banken; Auslandsposition der Bundesbank; Nettoposition der öffentlichen Haushalte gegenüber der Bundesbank; Bargeldumlauf). Außerdem gibt die Bundesbank Monatsberichte heraus mit sehr detaillierten Statistiken über die einzelnen Geld- und Kreditaggregate usw.[43].

Die Bundesbank hat ihre Hauptaufgabe, den Wert der D-Mark stabil zu halten, bisher vorzüglich erfüllt (und wird dies sicherlich auch in Zukunft tun): Die BR Deutschland war immer eins unter der Handvoll von Ländern der „westlichen" Welt mit den niedrigsten Geldentwertungsraten[44]. Auch die mit der binnenländischen Stabilität unmittelbar zusammenhängende Aufgabe, den Wert der D-Mark gegenüber den Währungen des Auslands, d. h. anderer bedeutender Industriestaaten, hochzuhalten, hat die Bundesbank vorzüglich erfüllt.

---

[43] Die Monatsberichte sind im Buchhandel nicht erhältlich, aber in manchen Bibliotheken (von Behörden usw.) vorrätig. Einzelstücke werden auf Wunsch von der Landeszentralbank geliefert. Außerdem kann man die Monatsberichte direkt bei der Bundesbank abonnieren.

[44] Früher wurde sie darin nur von der Schweiz übertroffen, später zeitweise von Japan; in jüngerer und jüngster Zeit war sie sogar bisweilen (neben den Niederlanden, die sich, wie auch seit geraumer Zeit Österreich, mit ihrer Währung, nämlich deren Wertentwicklung, regelmäßig der D-Mark angeschlossen haben) das Land der westlichen Welt mit der niedrigsten Geldentwertungsrate überhaupt.

VI. Die Entwicklung zum immateriellen Geld

Die einzig denkbare Kritik wäre insoweit die, daß die Bundesbank ihre Aufgabe übererfüllt, also sozusagen zuviel des Guten tut. Eine solche Kritik ist aber schwerlich berechtigt[45].

Hinsichtlich der Goldreserve der Bundesbank (Bewertungsproblem usw.) ist bereits unter „Demonetisierung des Goldes" Näheres ausgeführt worden.

Die Reichsbank hatte — abgesehen von ihrem Goldschatz und anderem Vermögen zur vorgeschriebenen Dritteldeckung des Notenumlaufs — in ihrem Portefeuille praktisch nur Wechsel und Lombard, und sie kam damit prächtig aus. Sie hatte — im ganzen gesehen — gemäß einem Selbstverständnis als Geldversorgerin der Wirtschaft die Marktentwicklung im allgemeinen mehr konstatiert als sie gesteuert. „Feinsteuerung", sozusagen „An-den-Schräubchen-hin-und-herdrehen", war ihr fremd. Es war noch nicht das perfektionistische — manchmal kleinlich anmutende — Lenken im Detail, Dirigieren, Vorschriften machen, Reglementieren der „Geldpolitik" späterer Zeiten. Im Kaiserreich bis zum Ersten Weltkrieg waren die Zeiten ruhig; es gab noch keine Währungsturbulenzen, wie sie in jüngerer Zeit gang und gäbe sind. Man denke nur einmal daran, wie konstant (und dabei niedrig) der Kapitalmarktzins im Deutschen Reich über Jahrzehnte hin war — nämlich 4%.

Später wurden die Dinge komplizierter. Es kam zum „Gold-Devisen-Standard"; es kam zu den festen — gegenüber dem US-Dollar fixierten — Wechselkursen mit dem Erfordernis für die nichtamerikanischen Zentralbanken, US-Devisen als Manövriermasse zu halten und einzusetzen; zu den Mindestreserveerfordernissen; zur „Offenmarktpolitik" — um (so in den angelsächsischen Län-

---

[45] Zwar ist im sog. magischen Dreieck (das von manchen zu einem magischen Viereck erweitert wird) grundsätzlich der Vollbeschäftigung die Priorität vor der Geldstabilität und dem Wechselkurs zu geben. Eine Zentralbank soll daher das Geld dann nicht verknappen, wenn dies sich mit Wahrscheinlichkeit deflationär, insbesondere zu Lasten des Beschäftigungsgrades auswirken, also die Arbeitslosigkeit steigern würde. Dies setzt aber eine erkennbare entsprechende Konfliktsituation voraus. Eine einschlägige Kritik an der Bundesbank ist schwerlich begründet. Das Arbeitslosenproblem hat Ursachen, die man nicht mit der Bundesbankpraxis in Verbindung bringen kann.

Die Funktionen der Bundesbank

dern) den Kurs der Staatstitel zu „pflegen". Die Zentralbank mußte zusätzliche Aufgaben übernehmen, und ihr Instrumentarium wurde entsprechend erweitert.

Einer Zentralbank wird – wie erwähnt – die Funktion des „Gegenhalters" zur Marktentwicklung zugeschrieben. Diese Funktion ist aber problematisch. Gegen sehr starke Markttendenzen ist die Zentralbank mit ihrem Instrumentarium ohnehin machtlos. Sie kann wuchtige Entwicklungen höchstens bremsen, muß sie aber im ganzen hinnehmen (konstatieren). Sie kann erratische Fluktuationen (z. B. den Wert der D-Mark im Verhältnis zum US-Dollar) etwas glätten und ausgleichen, auch zyklische Ausschläge der Umlaufsgeschwindigkeit des Geldes etwas verstetigen. Manchmal stiftet ihr Eingreifen allerdings Unruhe und Unsicherheit im Markt (und ist überdies oft auf längere Sicht ohnehin wirkungslos); die Nachteile einer solchen Steuerung, insbesondere auch mancher „Feinsteuerung", können die Vorteile im Einzelfall übertreffen.

Andererseits kann keine Zentralbank auf eine Geldpolitik gänzlich verzichten. Zum Beispiel hat eine Diskontsatzänderung der Zentralbank oft eine wichtige Signalwirkung für die Wirtschaft. Ob eine Zentralbank das Geldvolumen und den Geldumlauf mehr steuern oder ob sie sich mehr der Marktentwicklung anpassen soll, ist ein altes Problem, über das in Großbritannien schon Mitte des 19. Jhrh. die Verfechter der Currency-Theorie und die Verfechter der Banking-Theorie miteinander gestritten haben.

Eine Zentralbank sollte gegenüber dem rein Fachlichen die Politik nicht überbetonen, vor allem nicht unnötig viel im Detail regulieren, vorschreiben und verbieten, vielmehr darauf bedacht sein, hauptsächlich kraft ihres Ansehens zu wirken.

Die Bundesbank betreibt „Diskontpolitik", „Lombardpolitik", „Offenmarktpolitik", „Mindestreservenpolitik", „Devisenpolitik", „Einlagenpolitik", „Währungspolitik"[46].

---

46 Das ist also ein ganzes Bündel von „Politik". Nun, „Politik" hat in Deutschland und noch mehr in osteuropäischen Staaten einen hohen Klang, was hauptsächlich historisch und soziologisch begründet ist; bei

VI. Die Entwicklung zum immateriellen Geld

Die Bundesbank hat die ECU (die Geldeinheit des Europäischen Währungsbundes) lange Zeit nicht zur umfassenden privaten Verwendung in der BR Deutschland zugelassen, obwohl alle anderen beteiligten Zentralbanken sie bereits zugelassen hatten. Es bedurfte erst einiger Anstöße, um die Bundesbank zu dieser Zulassung zu veranlassen. Die Bundesbank klammert sich noch immer an das Währungsgesetz § 3 Satz 2. Diese Bestimmung gibt ihr eine rechtliche Grundlage, in privaten Verträgen keinerlei Indexklauseln zuzulassen (generelles Indexierungsverbot), obwohl diese Gesetzesbestimmung längst obsolet ist und ersatzlos gestrichen werden sollte[47].

Die Bundesbank hat sich gegenüber Finanzinnovationen, die meist aus den USA und aus Großbritannien stammten, wenig aufgeschlossen gezeigt. Sie hat nur einen Teil davon, überdies sehr zögerlich, zur Verwendung in der BR Deutschland zugelassen. Die BR Deutschland hinkt insoweit dem Ausland hinterher; ihre Bank- und Kreditpraxis droht zu veralten, und den deutschen Banken geht unnötigerweise Geschäft verloren. Die Bundesbank verfährt nach der altpreußischen Verwaltungsmaxime des generellen Verbots mit Erlaubnisvorbehalt (hier: Alles ist verboten, was die Bundesbank nicht ausdrücklich erlaubt). Vorzuziehen ist aber eine Praxis nach dem Motto: Alles ist erlaubt, was nicht durch Gesetz oder zulässiges und sachgerechtes Behördenreglement ausdrücklich verboten ist. Es ist nicht nötig, daß die BR Deutschland auf einschlägigem Gebiet den modernen Praktiken des Auslands immer nachhinkt. Könnte nicht im Gegenteil sich auch die BR

---

uns wird sogar zwischen „Politikern" und „Bürgern" unterschieden. In Großbritannien und auch in den USA dagegen zollt man der „Politik" und den „Politikern" nicht so viel Ehrfurcht (anders verhält sich dies hinsichtlich „statesman" und „statesmanship"). Dort hat das Wort „politician" mitunter einen derogatorischen Beiklang. Letztlich ist es eine Sache der Mentalität. In Großbritannien ist die Einstellung zur Regierung „Mach deine Arbeit, du Schlampe, oder wir jagen dich zum Teufel". – „Politik" hat manchmal einen wirklich guten Klang: Zum Beispiel ist eine „politische" Lösung einer militärischen Auseinandersetzung vorzuziehen. – Man sollte vielleicht auch in Deutschland das Wort „Politik" nicht überstrapazieren.

47 Vgl. dazu meinen Beitrag in der „Zeitschrift für das gesamte Kreditwesen" 1986, S. 98ff.

Deutschland insoweit einmal pionierhaft betätigen? Die Bundesbank ist in ihrer Praxis zu ängstlich und zu kleinlich. Sie sollte nicht nur Finanzinnovationen zulassen, die Gutes versprechen, sondern grundsätzlich jede Finanzinnovation; Schlechtes und Unbrauchbares wird der Markt schon von selbst über kurz oder lang aussondern und ausmerzen. Die Bundesbank will alles im Griff behalten und möchte deswegen keine Finanzinnovationen zulassen, die zu Sekundärmärkten führen, auf die sie keinen Einfluß nehmen kann. Damit würde sie aber ihre Kompetenzen überschreiten. Sie hat für die Geldwertstabilität zu sorgen – woraus folgt, daß sie solche Finanzinnovationen allenfalls dann abwehren darf, wenn und soweit diese die Geldwertstabilität tangieren, also ein Inflationspotential (überschüssige Kaufkraft) erzeugen und somit das Wirken der Bundesbank konterkarieren.

Großbritannien hat mit seinem „Big Bang" ein gutes Beispiel gegeben[48].

Die Monatsberichte der Bundesbank sind – auch im Vergleich zu den entsprechenden oder ähnlichen Publikationen ausländischer Zentralbanken – sehr ausführlich, gehaltvoll und informativ. Die Art der Darstellung und besonders der Sprachstil lassen aber zu wünschen übrig. Die Dinge lassen sich einfacher und klarer darstellen[49].

Internationaler Zahlungsverkehr

Im internationalen Handel zahlte man anfänglich grundsätzlich mit Edelmetallen in natura, besonders mit Gold, das nach Übersee verschifft wurde. Goldverschiffungen hat es bis in die

---

48 Die BR Deutschland hat, was Deregulieren und Entbürokratisieren – kurz gesagt „Entrümpeln" – angeht, hier (wie auch auf vielen anderen Gebieten) einen Nachholbedarf.
49 Diese Kritik richtet sich nicht speziell gegen die Monatsberichte der Bundesbank; sie gilt mehr oder weniger für alle Geschäftsberichte und Rechenschaftsberichte deutscher Behörden. Letztlich wurzelt das Übel in dem – anscheinend unausrottbaren – Amtsdeutsch. Jedem deutschen Beamten, der Schriftliches verfaßt, kann nur empfohlen werden, L. Reiners „Stilkunst" zu lesen.

VI. Die Entwicklung zum immateriellen Geld

jüngste Zeit hinein gegeben[50]. Im Laufe der Zeit zahlte man aber immer mehr mit Devisen, also mit Buchgeld. Hier ist es also dem Weltgeist gelungen, von der ersten Evolutionsstufe des Geldes gleich zur dritten und letzten zu gelangen; die mittlere Stufe – also das Papiergeld – hat er übersprungen. Das Papiergeld spielt im Rahmen des gesamten internationalen Zahlungsvolumens nur eine bescheidene Rolle. Auch geborgt wird im internationalen Verkehr grundsätzlich in Buchgeld, sowohl kurzfristig (internationaler Geldmarkt) wie auch langfristig (internationaler Kapitalmarkt).

Auch die Geschichte des internationalen Zahlungsverkehrs ist eng mit der Entwicklung des Bankwesens verbunden. In Deutschland entwickelte sich der Handels- und Zahlungsverkehr mit dem Ausland erst im 19. Jhrh. zu einer bedeutenden Sparte des Bankgeschäfts. Die deutsche Außenwirtschaft expandierte beständig bis zum Ausbruch des Ersten Weltkrieges, der die Entwicklung jäh beendete. Erst nachdem 1924 die Währung wieder stabilisiert war, ging es mit dem Außenhandel wieder voran. Die Weltwirtschaftskrise führte 1931 zur Devisenzwangswirtschaft und damit auch zu einer Einschränkung des internationalen Zahlungsverkehrs. Waren die Zahlungen bis dahin multilateral abgewickelt worden, so beschränkt man sich nunmehr auf bilaterale Verrechnungen. Der Zweite Weltkrieg brachte für Deutschland den internationalen Zahlungsverkehr fast völlig zum Erliegen. Mit dem Aufbau in den 50er Jahren begann aber ein neuer starker Aufschwung auch im Außenhandel und internationalen Zahlungsverkehr, der ein vorher nie dagewesenes Ausmaß erreichte. Die BR Deutschland wuchs zur zweitstärksten Handelsmacht der Welt empor. Nahezu jede deutsche Bank hat heutzutage für ihre Kunden einen Auslands-

---

50 Ein spektakuläres Ereignis war die Versenkung des britischen Kreuzers „Edinburgh" im Mai 1942 mit einer Ladung Gold an Bord im Nordmeer unweit Murmansk durch ein deutsches U-Boot; mit dem Gold hatte die Sowjetunion Lieferungen bezahlt.

service. Die größeren Kreditinstitute haben eigene Geschäftsverbindungen zu vielen Staaten; die kleineren bedienen sich meist des Zentralinstituts ihrer Organisation.

Ein Gironetz des internationalen Zahlungsverkehrs gibt es allerdings nicht. Es gibt auch keine internationale Nennwertebene. Die deutschen Banken brauchen daher, um ihre Geschäfte abzuwickeln, ausländische Korrespondenzbanken, mit denen sie in bilateraler Beziehung stehen; im Rahmen dieser Beziehungen unterhalten sie wechselseitige Kontoverbindungen, die es ermöglichen, Geschäftsvorfälle aller Art in der Währung der beiden Länder unmittelbar miteinander zu verrechnen.

Die Einführung der Konvertibilität in vielen europäischen Staaten (auch in der BR Deutschland) im Jahre 1958 hat den internationalen Zahlungsverkehr sehr erleichtert.

In der BR Deutschland regelt seit 1961 das Außenwirtschaftsgesetz (AWG) in Verbindung mit der Außenwirtschaftsverordnung (AWV) die rechtliche Seite des internationalen Handels- und Zahlungsverkehrs. Einiges dazu ist novelliert worden, z. B. 1971 durch das „Bardepotgesetz".

Auch der Übergang der BR Deutschland im Mai 1971 von einem festen zu einem flexiblen Wechselkurs gegenüber dem US-Dollar hat sich wegen seiner liberalisierenden, dem Gedanken der Marktwirtschaft entgegenkommenden Funktion langfristig recht nützlich auf den internationalen Handels- und Zahlungsverkehr der BR Deutschland ausgewirkt.

Für die Länder der Europäischen Gemeinschaft (EG) war die Errichtung des Europäischen Währungssystems (EWS) und die Einführung einer europäischen Währungseinheit (ECU) von Bedeutung.

Der internationale Geldhandel (Geldmarkt) wird, soweit er auf Fremdwährungen gerichtet ist, vielfach mit Devisen-Swaps (Austausch von Währungen per Kasse mit gleichzeitigem Rückkauf per Termin) verbunden; dies sind Kurssicherungsgeschäf-

VI. Die Entwicklung zum immateriellen Geld

te, die einige zusätzliche Kosten verursachen, also die Gesamtrentabilität des Geschäfts schmälern.

Der Euromarkt

In der zweiten Hälfte der 50er Jahre unseres Jahrhunderts kam es zu einer neuen, interessanten Erscheinung im internationalen Finanzwesen, dem „Euromarkt". Anfänglich wurde bei ihm von außeramerikanischen Banken lediglich mit US-Dollars gehandelt, nämlich mit Forderungen aus Sichtguthaben bei US-amerikanischen Banken, die in ihrem Heimatland domizilierten. Später traten zum US-Dollar andere Währungen als Handelsobjekte hinzu, z. B. englische Pfunde, Deutsche Mark und Schweizer Franken. Auch sind später − in Vervollkommnung der Praktiken − die US-Dollars, bevor sie verliehen oder weiterverliehen wurden, vielfach erst in eine andere Währung umgetauscht worden. Hauptzentrum des Euromarkts war von vornherein London; die Londoner City (sie ist übrigens auch Drehscheibe des internationalen Goldhandels)[50a] ist nach wie vor der wichtigste Euromarkt-Platz. Der Markt erweiterte sich aber bald über Europa hinaus auch auf überseeische Finanzzentren, z. B. Bahamas und Kaiman-Inseln, Singapur und Hongkong; die Bezeichnung „Euro" ist also zu eng geworden und paßt eigentlich nicht mehr, doch ist sie beibehalten worden.

Geburtshilfe beim Euromarkt wird den Ostblockstaaten, besonders der Sowjetunion, zugeschrieben. Sie sollen seinerzeit befürchtet haben, ihre Dollarguthaben könnten durch die Amerikaner blockiert oder eingefroren werden. Deshalb haben sie ihre Dollarguthaben zu europäischen Banken (der „westlichen" Welt) transferiert, z. B. zu solchen, die in London domi-

---

[50a] In Europa sind außerdem Luxemburg und Zürich wichtige Goldhandelsplätze.

zilierten. Zur Entstehung und Entwicklung des Euromarktes trug dann folgendes bei: a) die Krise des englischen Pfundes im Jahre 1957; damals sah sich die britische Regierung veranlaßt, um Großbritanniens Währung zu stützen, die Verwendung des Pfund Sterling zur Finanzierung internationaler monetärer Transaktionen außerhalb des Sterling-Blocks erheblich einzuschränken. Der US-Dollar gewann damit international an Boden, während das englische Pfund als Leit- und Reservewährung gegenüber dem US-Dollar auf längere Sicht viel Boden hergeben mußte (es hielt aber dann noch den zweiten Platz in der Welt in seiner Leitwährungsfunktion); b) die − schon damals − hohen US-amerikanischen Zahlungsbilanzdefizite, die zum erheblichen Teil vom Ausland finanziert wurden (was seinerzeit hauptsächlich den festen Wechselkursen, nämlich der Bindung der Währungen an den US-Dollar, zuzuschreiben war); ausländische Staaten, besonders auch die BR Deutschland, wurden mit US-Dollars überschwemmt; man ging dazu über, mit den US-Dollars den Euromarkt zu alimentieren, um wenigstens eine gewisse Zinskompensation herauszuwirtschaften; c) die Einführung der Konvertierbarkeit der Währungen durch die meisten Industrieländer ab 1958.

Hinzu kam die sog. Regulation Q des amerikanischen Federal Reserve Board. Mit ihr war den US-Banken verboten worden, Sichteinlagen mit einer Laufzeit bis zu 29 Tagen zu verzinsen, und für inländische Termineinlagen waren Höchstzinssätze vorgeschrieben worden. Am Euromarkt konnten demgegenüber höhere Zinsen erzielt werden, zumal Euromarkteinlagen nicht den Mindestreservebestimmungen unterlagen. Somit trug die Regulation Q erheblich zur Ausdehnung des Euromarkts bei. Seit spätestens 1965 bedienten sich auch ausländische Töchter amerikanischer Muttergesellschaften vorzugsweise des Euromarktes, da sie in den USA wegen einer Beschränkung des amerikanischen Kapitalexports keinen Kredit erhalten konnten. Umgekehrt förderten Kapitalimportrestriktionen nichtamerikanischer Staaten − BR Deutschland, Japan, Schweiz − das

VI. Die Entwicklung zum immateriellen Geld

Anwachsen des Euromarkts dadurch, daß sie das internationale Finanzkapital von den nationalen Märkten auf den Euromarkt abdrängten.

Der Euromarkt ist ein Markt für Leihgeld, also ein Kreditmarkt (hinsichtlich des kurzfristigen Kredits spricht man von „Eurogeldmarkt", hinsichtlich des langfristigen Kredits von „Eurokapitalmarkt"). Häufig durchläuft das Leihgeld, also die Buchgeld darstellende Forderung gegen eine ausländische (in der Regel amerikanische) Bank eine ganze Kette von Banken (Eurobanken), von denen jede (als Zwischenhändlerin) etwas auf den Zins aufschlägt, bis das Geld eine Endstation, nämlich einen Darlehensnehmer im Nichtbankensektor erreicht. Dem Modell nach läuft das Leihgeld, nachdem der Endverbraucher es später seiner Bank zurückgezahlt hat, dann wieder die Bankenkette zurück.

Ob auf dem Euromarkt Geld „geschöpft" (also neues Geld geschaffen) wird, ist umstritten. Geld könnte, wenn überhaupt, doch wohl nur indirekt (von Eurobank zu Eurobank) neu geschaffen werden. Daß das Volumen der Euromärkte das Defizit der US-Zahlungsbilanz übersteigt, ist kein Beweis dafür, daß auf dem Euromarkt Geld geschöpft wird (bei dem Bruttovolumen des Euromarkts handelt es sich bei weitem um ein Kreditvolumen, nicht um ein Geldvolumen). Kaufkraft entsteht erst in den Händen des Endverbrauchers im Nichtbankensektor. Der Endverbraucher muß aber – wie erwähnt – das von seiner Bank geborgte Geld dieser zurückzahlen. Es handelt sich um einen gewöhnlichen Bankkredit an ihn mit der Besonderheit, daß die Schuldnerin der Geldforderung eine (amerikanische) Geschäftsbank ist und also die ausleihende Bank kein Geld zu schöpfen braucht, um es zu verleihen, sondern sich zum Verleihen einer bereits bestehenden Forderung bedienen kann. Hinsichtlich des Verhältnisses (es handelt sich um ein Kreditverhältnis) von Eurobank zu Eurobank ist der Unterschied zum nationalen (binnenwirtschaftlichen) Geldmarkt der, daß Schuldnerin der Geldforderung, mit der gehandelt

Der Euromarkt

wird, keine Zentralbank, sondern (wie eben erwähnt) eine amerikanische Geschäftsbank ist, daß also nicht mit Zentralbank-Buchgeld, sondern mit Geschäftsbank-Buchgeld gehandelt wird.

Auf dem Euromarkt ist als neues Finanzierungsinstrument der „Roll-over-Kredit" entstanden. Dessen Zins wird periodisch an die Geldmarktzinsen angepaßt. Dazu dient als Grundmaßstab – nämlich als Untergrenze – die „LIBOR" (London Interbank Offered Rate). Das Roll-over-Verfahren verbindet kurzfristiges und mittelfristiges Leihgeld miteinander; es erleichtert die Fristentransformation. Das „Hedging" ist eine weitere interessante Praxis auf dem Euromarkt (es ist etwas Spezielles aus dem Devisenhandel). Praktisch können nur große Banken sich am Euromarkt beteiligen, da sie grundsätzlich als vertrauenswürdig gelten und sich infolgedessen billig refinanzieren können.

Der Euromarkt ist stark verschachtelt. Man sieht es den Geldern nicht mehr an, woher sie stammen. Seit ungefähr 1966 entwickelte die Londoner City einen Sekundärmarkt in Form der „Certificates of Deposit" (CD's). Dies sind Wertpapiere, die Gläubigerrechte aus Termineinlagen im Euromarkt verbriefen; sie werden von einer Bank ausgegeben, um damit kurzfristiges Leihgeld zu erhalten. Die erste Emissionsbank dieser Papiere soll die Londoner Filiale einer US-Bank gewesen sein.

Auch manche Zentralbanken bedienen sich des Euromarkts, um auf ihm ihre Devisen zinsbringend anzulegen. Man kann auf dem Markt auch US-Devisen mit anderen konvertiblen Devisen kaufen, um dann mit den US-Devisen auf dem Euromarkt Geschäfte zu machen. Der Euromarkt bringt im allgemeinen höhere Zinsen als der US-Geldmarkt. Auch zur Finanzierung der Erdölförderung und der Erdölimporte hat der Euromarkt erheblich beigetragen. Selbst Ostblockstaaten sind im Euromarkt engagiert. Viele Länder sind sowohl Geber wie Nehmer auf dem Euromarkt; sie sind weder in einer reinen

VI. Die Entwicklung zum immateriellen Geld

Gläubigerposition noch in einer reinen Schuldnerposition. Derartiges ist nichts Besonderes des Euromarktes; Parallelen gibt es auch in den Binnenwirtschaften der Staaten.

Das Volumen des Euromarktes war von 110 Mrd. US-Dollar im Jahre 1970 auf 903 Mrd. US-Dollar im Jahre 1978 gestiegen und hat sich dann bis heute weiter erhöht. Besonders in den Off-shore-Zentren waren die Zuwachsraten sehr hoch. Das liegt auch daran, daß diese Plätze meist Steueroasen sind. In Asien haben sich Hongkong und Singapur zu wichtigen Plätzen des „Euromarkts" entwickelt. Tokio hat sich dagegen lange Zeit sehr zurückgehalten[50b]. Die Hauptzentrale des Euromarkts ist aber — wie erwähnt — noch immer London, obwohl allerdings New York als ein internationales Finanzzentrum in neuerer Zeit mächtig aufgekommen ist. Die Londoner City hat eine große Erfahrung mit internationalem Geld- und Kapitalhandel; sie hat sich dabei traditionsgemäß liberaler Praktiken bedient. Gehandelt wird nach wie vor — im ganzen gesehen — hauptsächlich in US-Dollars. Der Euromarkt hat sich zu einer willkommenen und sogar notwendigen, nicht mehr hinwegzudenkenden Ergänzung der nationalen Geld- und Kapitalmärkte entwickelt. Die Entwicklung setzt sich fort.

Die Bank für internationalen Zahlungsausgleich (BIZ) in Basel beobachtet laufend das Volumen der Euromärkte und veröffentlicht darüber Statistiken, auch aufgegliedert nach Ländergruppen.

Der Euromarkt hat den Vorzug, frei zu sein, nämlich keiner Zentralbank zur Kontrolle zu unterstehen. Kraft ihres Privilegs als „lender of last resort" (Leiher der letzten Zuflucht, der letzten Instanz) haben 1974 die Zentralbanken der wichtigsten Staaten den Eurobanken ihres Landes eine gewisse Rückversicherung bei etwaigen Liquiditätsschwierigkeiten zugesagt. An-

---

[50b] Was den Aktienhandel angeht, so hat vom Umsatzvolumen her die Tokioter Börse der Wallstreet dann 1987 den Rang abgelaufen.

Der Euromarkt

dererseits betrachten einige Zentralbanken den Euromarkt mit Argwohn; am liebsten würden sie ihn disziplinieren und unter ihre Kontrolle bringen, womöglich die Einlagen auf diesem Markt auch den Mindestreservevorschriften ihres Staates unterstellen. Die Deutsche Bundesbank beobachtet aufmerksam vor allem auch die Luxemburger Töchter der deutschen Banken, da diese sich vorzugsweise diesen Platz ausgewählt haben[51]. Nationale Kontrollen hätten aber eine unangenehme Kehrseite, da sie die Effizienz der Euromärkte schmälern und bei Mindestreserveerfordernissen besonders die Rentabilität beeinträchtigen würden. Die Euromärkte sind ein nützliches Bindeglied zwischen den großen Gläubigergruppen und den großen Schuldnergruppen. Ohne die Euromärkte wäre die Weltwirtschaft kaum noch funktionsfähig.

Es ist schon sehr nützlich, wenn die Eurobanken über ihr Geschäft Rechnung legen, sei es durch konsolidierte Bilanzen gegenüber ihrem Heimatstaat, sei es durch Meldungen an die BIZ. Beobachtung, nicht Einengung oder Dirigierung der Euromärkte ist – jedenfalls bis auf weiteres – das Richtige.

Der Euromarkt tut der US-amerikanischen Zahlungsbilanz keinen Abbruch. Die Geldguthaben bleiben ja in den USA. Sie werden außerhalb der USA nur leihweise weitergereicht, womit ein Zinsgewinn erzielt wird. Der Euromarkt trägt somit im Ergebnis dazu bei, den USA ihre realen Verbindlichkeiten gegenüber dem Ausland zu stunden; die Dollars werden vom Ausland nicht aus den USA abgezogen.

In der Historie des Geldes wird man später – rückschauend – dem Euromarkt sicherlich eine wichtige Funktion zuerkennen. Seine Freizügigkeit ist etwas Progressives, das in die monetäre Evolution gut hineinpaßt. Seine weitere Entwicklung bleibt abzuwarten und zu beobachten.

---

51 In London dagegen haben die deutschen Banken grundsätzlich Filialen, keine Töchter.

VI. Die Entwicklung zum immateriellen Geld

Die Verschuldung der „Dritten Welt"

Die Verschuldung der „Dritten Welt" (sog. Entwicklungsländer) gegenüber den Industrienationen der „westlichen" Welt („Ersten Welt")[52] ist immer weiter gestiegen. Sie betrug Anfang 1989 ungefähr 1,3 Bio. US-Dollar.

Die Gläubiger sind zu mehr als der Hälfte des gesamten Schuldenvolumens private Banken; die Weltbank und andere überstaatliche Organisationen (IDA usw.), die den Entwicklungsländern Geld zu relativ günstigen Konditionen gegeben haben, sind also nur zum kleineren Teil die Gläubiger.

Die Entwicklungsländer haben Mühe, die vereinbarten Zinsen zu zahlen und die Tilgungen zu leisten.

> Daß es zu dieser hohen Verschuldung gekommen ist, darf man nicht allein den Entwicklungsländern anlasten. Vielmehr ist dies in erheblichem Maße auch den Gebernationen zuzuschreiben. Das internationale Finanzkapital drängt nach zinsbringender Anlegung. Die Entwicklungsländer boten sich dafür an, und viele von ihnen versprachen, ein geeignetes Zielobjekt zu sein. Sie haben dann allerdings vielfach – im Gegensatz zu manchen Erwartungen – die empfangenen Gelder nicht in der heimischen Wirtschaft lukrativ investiert. Sie mußten mit den ihnen zugeflossenen Mitteln erst einmal viele hungrige Mäuler stopfen. Hinzu kamen hier und dort unsachgemäße Verteilungen der Mittel, persönliche Bereicherung mancher Potentaten und korrupter Funktionäre sowie Kapitalflucht ins Ausland. Der Verfall vieler Rohstoffpreise[53] (nicht nur des Erdöls) und Protektionismus der Industriestaaten haben die Exportmöglichkeiten vieler Entwicklungsländer beeinträchtigt, also deren Fazilitäten, ihre Schulden durch den Verkauf eigener Rohstoffe und Produkte an die Geberstaaten langsam abzutragen (derartiges ist bisher nur wenigen, besonders fleißigen

---

52 Zur Zeit sind Brasilien und Mexiko die am höchsten auslandsverschuldeten Staaten der „Dritten Welt".
53 Seit 1980 ging es mit dem Index der Rohstoffpreise (ohne Energierohstoffe) steil abwärts. 1988 kam es allerdings zu einem ebenso steilen Anstieg; der Index erreichte wieder das Niveau von 1980.

Die Verschuldung der „Dritten Welt"

Nationen, z. B. Südkorea gelungen). Auch die ziemlich hohen US-Zinsen und die Tilgungsraten sind eine schwere Bürde für die Schuldnerstaaten.

Ein genereller Schuldenerlaß für die Entwicklungsländer, z. B. zu einer bestimmten Quote der Gesamtschuld (angeregt worden ist z. B. eine Quote von „mindestens" 30%), wäre keine vernünftige Lösung. In den freien Marktwirtschaften und Rechtsordnungen der „westlichen" Welt kann man ohnehin private Gläubiger (hier private Banken) nicht dazu zwingen, auf ihre Forderungen – gleichgültig gegen wen sich diese richten – ganz oder auch nur zum Teil zu verzichten. Abgesehen davon würden bei einem Schuldenerlaß die Entwicklungsländer ihren Kredit für die Zukunft vollends verlieren – womit ihnen am wenigsten gedient wäre.

Den allerärmsten Ländern sind allerdings in der Vergangenheit manchmal die aufgelaufenen Auslandsschulden gänzlich gestrichen worden (auch seitens der BR Deutschland) – eine sicherlich vertretbare soziale Maßnahme.

Den Industriestaaten kann nicht daran gelegen sein, es etwa zu einer Art Konkursgemeinschaft (Schuldnerkartell) der Entwicklungsländer kommen zu lassen.

Die Gebernationen mit ihren beteiligten Banken ziehen es vor, den einzelnen Ländern mit Moratorien, Zinsermäßigungen, Umschuldungen und dgl. entgegenzukommen. Dieses vorsichtige Lavieren von Fall zu Fall, das letztlich auch im Interesse der Entwicklungsländer liegt, hat sich recht gut bewährt. Ein Kassandraruf, die Industrieländer müßten ihre gesamten Forderungen an die „Dritte Welt" – jedenfalls an die hochverschuldeten Entwicklungsländer – abschreiben und sogar nach Art einer monetären Reform ein ganz neues Geld einführen, hat sich bisher nicht bewahrheitet.

In sozusagen säkulärer und wertfreier Betrachtung – und auf diese kommt es ja für unser Thema hauptsächlich an – paßt die steigende Verschuldung der „Dritten Welt" recht gut in den Evolutionsprozeß des Geldes hinein. Diese Evolution ist grundsätzlich durch Ausweitung des Geldvolumens und/oder des Vo-

VI. Die Entwicklung zum immateriellen Geld

lumens der Geldschulden vorangetrieben worden, mag man dies auch bedauern oder sogar nicht wahrhaben wollen. Wie sich unter diesem Aspekt die Verschuldung der „Dritten Welt" im Ergebnis in der Geschichte einmal auswirken wird, kann allerdings zur Zeit noch nicht überschaut werden.

Nach den vorwiegend historischen Darstellungen erscheint es angebracht, nunmehr auch etwas zum Theoretisch-Dogmatischen des Geldes zu bringen.

Der Unterschied zwischen Geld und Kredit

Das Wort „Kredit" kommt vom lateinischen „credere" = glauben, vertrauen. Es wird auch noch heutzutage manchmal in diesem Sinne gebraucht: Ein bestimmter Mensch genießt „Kredit" bei seiner Umwelt, womit man meint, daß er eine angesehene Person ist. Unter „Kredit" wird auch manchmal die bloße Möglichkeit verstanden, sich Geld zu borgen. Das Kreditwesengesetz bringt in seinem § 19 einen enumerativen Katalog zum Begriff „Kredit". Danach sind „Kredit" (begrifflich nachstehend etwas zusammengefaßt) Gelddarlehen, Akzeptkredite, Diskontierung von Wechseln und Schecks, Stundung von Forderungen, Bürgschaften, Garantien und sonstige Gewährleistungen, Beteiligungen an einem Unternehmen, Leasing. Es ist ein Ad-hoc-Katalog für die Zwecke der Aufsicht über die Kreditinstitute. Der Zentralbegriff beim „Kredit" ist das Gelddarlehen (aus dem genannten Katalog des KWG läßt sich jedenfalls das meiste wirtschaftlich auf das Gelddarlehen reduzieren). Auch gemäß unserem Thema interessieren nur Darlehen (BGB §§ 607ff.) in Geld, also Gelddarlehen, nicht auch Darlehen in anderen vertretbaren Sachen. Zur Abgrenzung zwischen Geld und Kredit braucht überdies nur auf die Gelddarlehen eingegangen zu werden, an denen eine Bank (Geldinstitut in weitestem Sinne) beteiligt ist; Kredite innerhalb des Nichtbankensektors interessieren hier nicht.

Der Unterschied zwischen Geld und Kredit

„Geld" und „Kredit" werden in der Literatur vielfach nicht richtig oder nicht reinlich voneinander geschieden. Redewendungen wie „Das moderne Geld ist Kreditgeld" oder „... ist kreditäres Geld" oder „... ist ein Geschöpf des Kredits" stiften mehr Verwirrung als Klarheit.

Kredit ist Leihgeld. Präziser gesagt: „Kredit" ist (vom Standpunkt des Gebers aus) verliehenes Geld, (vom Standpunkt des Nehmers aus) geborgtes Geld. Kredit ist also eine besondere Verwendungsart des Geldes. Er setzt folglich „Geld" begrifflich voraus. „Geld" und „Kredit" sind im Verhältnis zueinander keine gleichgeordneten, in diesem Sinne alternativen Begriffe wie „Äpfel" und „Birnen". Schon gar nicht sind „Geld" und „Kredit" ein Begriffspaar. Noch verfehlter ist es, den Kredit dem Geld logisch voranzustellen, also deren Verhältnis zueinander auf den Kopf zu stellen[54]. Daß man sich mit einem Kreditpapier, z. B. einem Wechsel, Geld beschaffen kann, indem man den Wechsel diskontieren läßt oder ihn lombardiert, ist eine andere Sache.

Zwischen dem immateriellen Geld und dem Kredit besteht allerdings ein enger Zusammenhang. Gerade dies macht es erforderlich, „Geld" und „Kredit" reinlich voneinander zu scheiden.

Zahlt jemand Geld bei einer Bank (Geldinstitut im weitesten Sinne) ein, das er jederzeit wieder in bar abheben kann, so erwirbt er damit eine „täglich fällige" Forderung gegen die Bank auf Bargeld. Von „täglich fällig" spricht man aus folgendem Grund: Lediglich von „fällig" zu sprechen, wäre nicht sachgerecht und sogar mißverständlich. Denn hinsichtlich der Fälligkeit besteht hier eine Besonderheit. Die Bank schließt nämlich mit der Hereinnahme des Geldes mit dem Kunden (Deponenten, Depositor) einen – unregelmäßigen – Verwahrungsvertrag (BGB § 700) ab; sie ist also nicht verpflichtet – wie dies normalerweise bei einer Fälligkeit der Fall ist –, dem Kunden

---

[54] Siehe Rittershausen S. 205.

VI. Die Entwicklung zum immateriellen Geld

das Bargeld alsbald auszukehren, sondern sie muß im Gegenteil das Geld solange behalten, wie der Kunde dies wünscht. Will der Kunde seine Forderung auf Bargeld realisieren, so muß er dies der Bank ausdrücklich kundtun; solange dies nicht geschieht, darf und muß die Bank das Geld behalten. Die Bank verbucht ihre entsprechende Verbindlichkeit auf einem „Girokonto". Der Kunde hat ein „Giroguthaben" erworben. Ein Giroguthaben wird wegen der genannten täglichen Fälligkeit der Forderung auch „Sichtguthaben" genannt[55]. Die Bank hat vom Kunden kein Darlehen (BGB §§ 607ff.), also keinen Kredit erhalten, da ihr das Geld nicht leihweise, nämlich nicht rechtsverbindlich zum Gebrauch auf Zeit überlassen worden ist. Der Kunde (Deponent, Depositor) hat lediglich sein Bargeld in Buchgeld umgewandelt. Er hat mit der Bank keinen Darlehensvertrag geschlossen. Auch Sichtguthaben bleiben erfahrungsgemäß bei der Bank oft längere Zeit liegen. Der Bank verbleibt deswegen permanent von ihren Sichtverbindlichkeiten ein ansehnlicher Anteil zurück, den sie zur Kreditgewährung verwenden kann und dies auch tut. Dies ist ein rein ökonomischer Gesichtspunkt, der an der rechtlichen Beurteilung des Vertrages (BGB § 700) nichts ändert.

Gibt dagegen jemand einer Bank Geld mit der Abrede, daß sie das Geld als Termingeld (Festgeld oder Kündigungsgeld)[56] oder als Spargeld führen soll, so gewährt er, da die damit entstandene Forderung gegen die Bank nicht fällig ist, der Bank ein Darlehen (BGB § 607), also „Kredit".

Terminguthaben und Sparguthaben wären nur dann „Geld" (im ökonomischen Sinne), wenn mit ihnen gekauft werden könnte, was aber nach den bisherigen und derzeitigen Gepflo-

---

55 Statistisch werden auch Einlagen mit einer Laufzeit, die über eine tägliche Fälligkeit hinaus bis zu einem Monat reicht, als „Sichtguthaben" geführt. In unserem Zusammenhang interessiert dies aber nicht.

56 Bei Termingeldern sind die Einleger meist Kaufleute oder Unternehmer: Sie brauchen für ihr Geschäft bzw. für ihren Betrieb das Geld zu einem bestimmten, voraussehbaren Zeitpunkt.

Der Unterschied zwischen Geld und Kredit

genheiten im Geschäfts- und Zahlungsverkehr nicht der Fall ist, da die Verkäufer von Waren usw. Termingelder oder Spargelder nicht als Kaufentgelt annehmen.

Erteilt eine Bank jemandem eine Kreditzusage (einschl. Kreditrahmen, Kreditlinie, Kreditlimit, Kreditplafond, „Stand-by"-Kredit), so gibt sie damit ein Darlehensversprechen (BGB § 610) mit der Besonderheit, daß es grundsätzlich im Belieben des Versprechensempfängers liegt, ob und inwieweit er von dem Versprechen Gebrauch macht, nämlich den Kredit abruft, also sich Geld borgt. Im Anschluß an das Darlehensversprechen braucht also die Bank nicht von sich aus tätig zu werden; der Kunde muß, wenn er von ihr ein Darlehen haben will, die Initiative ergreifen. Das Darlehensversprechen ist eine einseitige Verpflichtung (hier der Bank) gegenüber dem Versprechensempfänger, also gegenüber dem Kunden. Verpflichtet sich zugleich auch dieser, nämlich der Bank gegenüber, sich ein Darlehen geben zu lassen, so handelt es sich um einen „gegenseitigen" Vertrag (besonders beim langfristigen Kredit relevant, vor allem beim Hypothekendarlehen).

Gewährt dann die Bank das Darlehen, so entsteht eine Verpflichtung des Kunden, den Darlehensbetrag später einmal der Bank zurückzuzahlen. Empfänger der Darlehensvaluta kann der Kunde (Vertragspartner der Bank) selbst sein, indem er sich z. B. das Leihgeld in bar auszahlen läßt. Der Kunde kann aber auch über die Kreditzusage in der Weise verfügen, daß er seine entsprechende Forderung gegen die Bank auf Auszahlung der Valuta einem Dritten abtritt (BGB §§ 398 ff.), also diesen zum Gläubiger der Forderung gegen die Bank auf Bargeld macht. Die Bank verbucht ihre entsprechende Verbindlichkeit auf einem Girokonto des Zessionars. Die Rückzahlung des Darlehens schuldet der Bank deren Kunde, also der Zedent.

Vom Standpunkt der Bank stellen sich die Vorgänge wie folgt dar: Mit der Hereinnahme von Bargeld hat die Bank die Geldscheine bzw. -münzen juristisch zu Eigentum erworben, da

VI. Die Entwicklung zum immateriellen Geld

Geld eine vertretbare Sache ist. Sie schuldet aber dem Kunden die Rückzahlung der empfangenen Valuta. Diese Verbindlichkeit wird in der Bankbilanz, d. h. zunächst auf einem für den Kunden geführten Konto, passiviert. Hat dagegen die Bank einem Kunden – in Erfüllung einer diesem erteilten Kreditzusage – Kredit gewährt, indem der Kunde die Kreditzusage durch Abtretung der entsprechenden Forderung gegen die Bank an einen Dritten, z. B. seinen Gläubiger, realisiert hat, so hat der Dritte eine Forderung gegen die Bank (auf Bargeld) erworben, die Buchgeld ist. Die Bank schreibt den Forderungsbetrag auf einem Girokonto dem Dritten gut. In diesem Falle hat aber die Bank als korrespondierendes Aktivum kein Bargeld, sondern lediglich eine Forderung gegen den Kunden auf spätere Rückzahlung des Darlehens erworben. Hier ist also Geld „geschöpft" (neu geschaffen) worden in unmittelbarem Zusammenhang mit einer Kreditgewährung.

Im ersten Fall sind Depositen[57] aus Einlagen entstanden, im zweiten Fall dagegen in Verbindung mit einem Kredit. Ob Depositen aus Einlagen oder aus Kredit entstanden sind, sieht man ihnen nicht an. Das Depositenvolumen einer Bank läßt sich nicht aufteilen nach den beiden Entstehungsursachen.

In der international gebräuchlichen Nomenklatur wird zwischen M 1, M 2 und M 3 unterschieden. Hier und da wird noch ein Aggregat M 0 hinzugefügt. „M" bedeutet „Money", also Geld. M 1 ist die Summe von umlaufendem Bargeld (also nicht auch die Kassenbestände bei den Geldinstituten) und von den Sichteinlagen inländischer Nichtbanken (einschließlich der öffentlichen Haushalte, mit Ausnahme von deren Einlagen bei der Bundesbank). M 2 ist M 1 zuzüglich der Termingelder inländischer Nichtbanken mit Befristung unter 4 Jahren. M 3 ist M 2 zuzüglich der Spareinlagen inländischer Nichtbanken mit

---

57 Mit „Depositen" werden häufig nicht nur Sichtguthaben, sondern – über diese hinaus – auch Terminguthaben bezeichnet; das ist aber eine andere Sache, die in diesem Zusammenhang nicht interessiert.

Der Unterschied zwischen Geld und Kredit

gesetzlicher Kündigungsfrist. Termineinlagen mit Befristung ab 4 Jahren und Spareinlagen mit vereinbarter Kündigungsfrist fallen nicht unter den Begriff M = Money = Geld; sie gehören wegen ihrer Langfristigkeit zum „Geldkapital". Mit „M O" wird Zentralbankgeld signifiziert; M O überschneidet sich also – nämlich hinsichtlich des umlaufenden Bargeldes – mit M 1. Mit dem Zentralbankgeld hat es, soweit es sich nicht um Bargeld, sondern um Buchgeld handelt, eine besondere Bewandtnis, insbesondere auch, was den Begriff „Geld" (im ökonomischen Sinne, d.h. als Kaufkraft) angeht, da es sich zum größeren Teil um Pflichtreserven, also um eine Art fondsgebundene Reservemasse handelt, über die unmittelbar zu Kaufzwecken nicht verfügt werden kann.

Von den M-Aggregaten ist nur M 1 „Geld" im ökonomischen Sinne, also Substrat für Kaufkraft. M 2 und M 3 sind dagegen, soweit sie über M 1 hinausgehen, kein Geld, sondern Kredit, nämlich Kredit an die Banken. Es handelt sich insoweit um Forderungen auf Geld, die – weil nicht fällig – selber kein „Geld" im ökonomischen Sinne (Kaufkraft) sind. Was M O angeht, so ist dieses Aggregat, soweit es über M 1 (umlaufendes Bargeld) hinausgeht, also soweit es Zentralbank-Buchgeld ist, kein Kredit, aber – jedenfalls zum überwiegenden Teil – auch kein Geld, mit dem man kaufen kann, also kein Geld im ökonomischen Sinn.

Mit Ausnahme von M 1 ist daher die Verwendung des Symbols „M" mißverständlich. Abgesehen von M 1 handelt es sich bei M 2 und M 3 lediglich um geldnahe Forderungen („near money"), die – wie erwähnt – kein Geld im Sinne von Kaufkraft sind. Denn mit solchen Forderungen kann nicht gekauft oder anderweitig gezahlt werden. Termineinlagen und Spareinlagen verwandeln sich erst dann in Geld, wenn sie „täglich" fällig werden. In diesem Augenblick („logische Sekunde") sind sie aber keine Termineinlagen bzw. Spareinlagen mehr, sondern Sichtguthaben und fallen damit fortan unter den Begriff M 1. Die diesbezüglichen Buchungsvorgänge können hier dahingestellt bleiben.

VI. Die Entwicklung zum immateriellen Geld

Bei der Unterscheidung zwischen Geld und Kredit kann auch das Wort „Geldmarkt" Verwirrung erzeugen. Im Finanzwesen unterscheidet man zwischen „Geldmarkt" und „Kapitalmarkt"; manchmal ist auch einfach von „Markt" die Rede. Heutzutage ist die Grenze zwischen beiden etwas verwischt, zumal man gern, entgegen der „goldenen Bankregel", „aus kurz lang macht", um damit Zinsertrag und Gewinn zu vergrößern, und zumal man auch einen „mittelfristigen" Kredit als selbständige Kategorie begreift; doch entbindet dies nicht von der Notwendigkeit, beim Kredit zwischen Kurzfristigkeit und Langfristigkeit zu unterscheiden. Von einem Bankfachmann — eigentlich sogar schon von einem Banklehrling — muß erwartet werden, daß er „einen Wechsel von einer Hypothek unterscheiden kann" (sprichwörtliches Zitat). Überdies ist es nach wie vor Leitbild, daß man die Fristentransformation nicht übertreiben soll, sondern soweit möglich wieder zu den bewährten, alten Verhältnissen zurückfindet. Der „Geldmarkt" ist in Wirklichkeit ein Kreditmarkt; er ist der Markt für kurzfristiges Leihgeld. Der „Kapitalmarkt" ist der Markt für langfristiges Leihgeld. Beim Finanzkapitalismus dreht sich — soweit es um Fremdkapital geht — praktisch alles um das Ausleihen/Borgen von Geld, also um den Zins. Dies geschieht allerdings in vielerlei Form und Gestalt, so daß es für den Laien oft nicht oder jedenfalls nicht ohne weiteres erkennbar ist, daß es sich um nichts anderes als um Geldverleihen gegen Zins handelt. Oft sind die Forderungen auf Rückzahlung des hingegebenen Geldes — in mannigfacher Form und unter diversen Bezeichnungen — verbrieft. Diese Forderungen werden meist auf der Börse oder auch außerhalb der Börse von Rechtssubjekt zu Rechtssubjekt übertragen und weiterübertragen; es findet mit ihnen ein reger Handel statt. Dieser ist in erheblichem Ausmaße grenzüberschreitend, also ein internationaler Handel.

Sind Kreditzusagen „Geld"?

Eine Kreditzusage ist – wie erwähnt – juristisch ein Darlehensversprechen (BGB § 610). Eine Bank räumt mit einer Kreditzusage dem Kunden ausdrücklich das Recht ein, bei ihr Geld zu borgen. Ob die Bank einen festen Betrag zusagt (so hauptsächlich beim langfristigen Kredit, also z. B. beim Hypothekendarlehen) oder lediglich eine Maximalgrenze (Kreditrahmen, Kreditlinie, Kreditlimit, Kreditplafond) nennt, ist insofern gleichgültig. Auch ist es gleichgültig, ob die Bank ihre Verpflichtung verbucht (auf einem Konto des Kunden) oder nicht; eine Buchung ist lediglich die Aufzeichnung eines Geschäftsvorfalls, nicht aber ein Begriffsmerkmal des Geschäftsvorfalls oder eine Voraussetzung für diesen. Juristisch drückt man dies dahingehend aus, daß eine Buchung keine „konstitutive" Bedeutung für einen Geschäftsvorfall hat.

Der Kunde erwirbt mit der Kreditzusage eine („täglich fällige") Forderung gegen die Bank auf Geld, nämlich auf Leihgeld. Auf Verlangen muß die Bank das Darlehen in bar auszahlen. Gegenstand der Forderung ist daher Bargeld (denkbar ist allerdings, daß im Einzelfall ein lediglich in Buchgeld zu gewährendes Darlehen vereinbart wird). Die Forderung ist mit ihrer Entstehung deswegen sofort „täglich" fällig, weil der Kunde sie jederzeit geltend machen (realisieren), also den zugesagten Betrag (bzw. einen Betrag bis zum zugesagten Limit) abrufen kann.

Als täglich fällige Forderung gegen eine Bank auf Bargeld erfüllt die Forderung Begriffserfordernisse des Buchgeldes. Geld im ökonomischen Sinne (und Geld ist ja primär ein ökonomischer Begriff) ist Kaufkraft. Die Forderung ist daher dann „Geld", wenn mit ihr gekauft werden kann. Bei der Kreditzusage ist der eine Fall der, daß der Kunde sich seine Forderung in Bargeld erfüllen läßt. Gekauft wird in diesem Fall nicht mit der Forderung, sondern erst mit dem Bargeld. Der andere Fall ist der, daß der Kunde seine Forderung gegen die Bank unmit-

VI. Die Entwicklung zum immateriellen Geld

telbar dazu verwendet, von einem Dritten (per Scheck, per Überweisung oder auch per Kreditkarte) etwas zu kaufen oder Dienstleistungen zu entlohnen. In diesem Fall erwirbt der Dritte, da ihm der Forderungsbetrag auf einem Girokonto gutgeschrieben wird, mit der durch Abtretung erworbenen Forderung Buchgeld. Realisiert er die ihm z.B. durch einen Barscheck abgetretene Forderung unmittelbar dahingehend, daß er sich von der bezogenen Bank Bargeld auszahlen läßt, so entfällt natürlich eine Verbuchung auf einem Girokonto des Verkäufers. Darlehensschuldner, also zur Rückzahlung des Darlehens (nebst Zins) an die Bank verpflichtet, ist in jedem Fall der Kunde, dem die Kreditzusage erteilt worden war.

Zwei Betrachtungsweisen sind möglich: Entweder sieht man in der Kreditzusage nur die Möglichkeit für den Kunden, sich Geld zu borgen. Erst wenn er von dieser Möglichkeit Gebrauch macht, erlangt er „Geld", was auch in der Weise geschehen kann, daß er die Darlehensvaluta einem Dritten (z.B. seinem Gläubiger) zukommen läßt. Bei dieser Betrachtungsweise ist das Recht aus einer Kreditzusage nur eine „geldnahe" Forderung, aber noch kein Geld. Die andere Betrachtungsweise ist die, daß schon die Kreditzusage selbst „Geld" ist. Sie ist unter dem Gesichtspunkt berechtigt, daß der Kunde durch Verfügung über die Kreditzusage zugunsten eines Dritten unmittelbar diesem eine Zahlung (in Buchgeld) leistet, z.B. etwas kauft.

Welcher der beiden Betrachtungsweisen man den Vorzug gibt, ist letztlich Ansichtssache und hat keine erkennbare Bedeutung.

Praktisch (vor allem makroökonomisch) bedeutsam ist lediglich, in welchem Ausmaß Kreditzusagen zur preiswirksamen Nachfrage, also zum Kaufen, verwendet werden. Kreditzusagen führen schon deswegen nicht durchweg zu einer preiswirksamen Nachfrage, weil sie häufig nur in Form einer Kreditlinie erteilt werden, die in der Praxis oft nicht voll ausgenutzt wird. Insoweit verfallen Kreditzusagen irgendwann einmal. Bei einer

Sind Kreditzusagen „Geld"?

Bank bleibt immer ein erheblicher Sockelbetrag von Kreditzusagen, die niemals in Anspruch genommen werden. Dies ist aber lediglich eine Sache der Quantität. Immerhin tut man gut daran, nicht das gesamte Volumen der nicht in Anspruch genommenen Kreditzusagen der Banken als „Geld" zu begreifen. In welchem Ausmaß ein Abstrich zu machen ist, läßt sich jedoch schwerlich feststellen; eine genaue Quantifizierung scheitert schon daran, daß sich der Zeitpunkt, zu dem die Bank mit einer Inspruchnahme aus einer Kreditzusage nicht mehr zu rechnen braucht, nicht genau festlegen läßt.

Die Bundesbank führt seit 1976 monatlich Statistiken über das Volumen der von den Banken erteilten Kreditzusagen an inländische Unternehmen und Privatpersonen. Seit 1979 macht die Bundesbank das Ergebnis ihrer Erhebungen der Öffentlichkeit bekannt. Seither gehört diese Statistik also nicht mehr zu den Geheimnissen der Bundesbank.

> Die Bundesbank hält etliches geheim, z.B. ihre ausgeklügelten Pläne für die Anlegung ihrer Kapitalien (US-Dollar-Devisen usw.), inwieweit sie der Mischung, Streuung, Sicherheit oder Liquidität Präferenz gibt und was sie veranlaßt, bestimmte Titel (z.B. US-Staatsanleihen) anderen gegenüber zu bevorzugen, kurz gesagt, die Grundsätze ihrer Kapitalanlagepraxis im Detail.

Lange Zeit hat die Bundesbank in ihren Statistiken unterschieden zwischen a) Kontokorrent-, Wechsel- und sonstigen Krediten mit wechselnder Inspruchnahme (wovon der weitaus größte Teil auf kurzfristige Kredite entfällt) und b) Darlehen mit festem Betrag und fester Laufzeit.

Seit einiger Zeit veröffentlicht die Bundesbank nur noch eine Statistik über Kreditzusagen für mittel- und langfristige Darlehen mit festem Betrag und fester Laufzeit. Das Volumen der noch nicht erledigten (also noch offenen) Zusagen betrug Ende Januar 1989 rd. 81,2 Mrd. DM. – Hinzu kommt „nachrichtlich" eine Statistik über Zusagen von Darlehen für den Wohnungsbau.

VI. Die Entwicklung zum immateriellen Geld

Sind Kontoüberziehungsmöglichkeiten „Geld"?

Ein Bankkunde hat grundsätzlich die Möglichkeit, sein Konto (Girokonto) zu überziehen. Früher wurden bei den Sichteinlagen Scheckkonten, Girokonten und Kontokorrentkonten unterschieden; Scheckkonten durften nicht überzogen werden. Dieser Unterschied ist dann in der Praxis hinfällig geworden.

> In welcher Höhe ein Kunde sein Konto überziehen darf, richtet sich grundsätzlich nach dem Einkommen und/oder Vermögen des Kunden. Wer in einem festen Arbeitsverhältnis steht und überdies der Bank seit längerer Zeit als kreditwürdig bekannt ist, darf sein Konto bis ungefähr 80–85% eines Netto-Monatsgehalts ohne weiteres überziehen. Dies ist eine Art Faustregel. Sie gibt auch einen gewissen Anhaltspunkt zur Schätzung des Volumens der gesamten Überziehungsmöglichkeiten. Allerdings erhält man damit nur die Untergrenze dieses Volumens; denn Überziehungen sind auch über die genannte Faustregel hinaus möglich.

Im Gegensatz zur Kreditzusage hat der Kunde mit der Überziehungsmöglichkeit keine Forderung, also keinen einklagbaren Anspruch gegen die Bank auf Leihgeld. Es steht im Belieben der Bank, ob und in welcher Höhe sie eine Überziehung gestattet. Man kann daher eine Forderung gegen die Bank auch nicht fingieren, ihr also keine stillschweigende Kreditzusage unterstellen. Gleichwohl ist der Kunde aufgrund der Bankgewohnheiten, also der allgemeinen Bankpraxis, berechtigt anzunehmen, daß seine Bank mit einer Kontoüberziehung auch ohne vorherige ausdrückliche Absprache einverstanden ist.

Ein Überziehungskredit kommt zustande, wenn der Kunde sein Konto überschreitet und die Bank seine Verfügung ausführt. Hinsichtlich eines solchen Darlehens gilt im übrigen das gleiche, was unter „Kreditzusage" ausgeführt worden ist.

Quantifizieren läßt sich das gesamte Volumen der Überziehungsmöglichkeiten nicht. Der Betrag, zu dem – im stillschweigenden Einverständnis der Bank – überzogen werden darf, ist von Fall zu Fall verschieden. Es ist praktisch unmög-

Sind Kontoüberziehungsmöglichkeiten „Geld"?

lich, jeden einzelnen Kunden und jedes einzelne Girokonto zu erfassen, um die Einzelwerte zu einer Gesamtzahl zu aggregieren. Hinzu kommt, daß Kontoüberziehungsmöglichkeiten in der Praxis noch weniger als zugesagte Kreditlinien voll ausgenutzt werden. Die Unmöglichkeit der Quantifizierung des gesamten Volumens steht der Annahme, es handele sich auch bei den Kontoüberziehungsmöglichkeiten um „Geld", zwar nicht entgegen; statistische Erfassung oder Erfaßbarkeit sind keine Wesensmerkmale des „Geldes". Auch Kontoüberziehungsmöglichkeiten sind – wie Kreditzusagen – potentielle Kaufkraft. Da aber Überziehungsmöglichkeiten kein Recht auf Geld, nämlich keine Forderung gegen die Bank (auf Bargeld) sind, ist es vorzuziehen, sie nicht unter den Begriff „Geld" zu subsumieren, sondern sie nur als etwas „Geldnahes" zu begreifen. Man sollte in ihnen nur die Möglichkeit für den Kunden sehen, sich Geld (Leihgeld) zu beschaffen. Die Eigenschaft als Kaufkraft reicht nicht aus, den Überziehungsmöglichkeiten Geldcharakter zuzugestehen; kaufen kann man schließlich auch mit ungedeckten Schecks. Hier zeigt sich, daß „Geld" – obwohl es, wie erwähnt, primär ein ökonomischer Begriff ist – auch ein juristisches Element hat. Mit dem Ausschluß auch der legalen Kontoüberziehungsmöglichkeiten vom Geldbegriff läßt sich eine klare Abgrenzung des Buchgeldes erzielen: Buchgeld ist eine „täglich" fällige Forderung gegen eine Bank oder ein anderes Geldinstitut auf Bargeld. Damit ist allerdings „Buchgeld" in einem weiten Sinne umschrieben, sozusagen „Buchgeld im formalen Sinne". Um zum „Buchgeld" im ökonomischen Sinne zu gelangen, also die Definition von Buchgeld auf dessen Kaufkraftcharakter zu münzen, bedarf die vorzitierte Definition einer Präzisierung und Einschränkung. Hierzu wird im nächsten Abschnitt das Relevante analysiert. Insbesondere ist zum Begriff „Bank" zu prüfen, ob und inwieweit die Bundesbank – als Monopolist des deutschen Bargeldes – von diesem Begriff auszuschließen ist; ferner, ob bei der einschlägigen Forderung der Kreis der Gläubiger eingeschränkt werden muß.

VI. Die Entwicklung zum immateriellen Geld

Definition des immateriellen Geldes

Das Bargeld seines Staates kennt — abgesehen von Babys und manchen Geisteskranken — jeder. Es bedarf daher keiner Definition. Alle diesbezüglichen Definitionen sind folglich ohne erkennbaren praktischen Wert. Allerdings ist zum „Bargeld" folgendes zu bemerken: Bargeld wird erst dann zum Geld im ökonomischen Sinne, d. h. also zur Kaufkraft, wenn es den Bundesbanksektor verläßt, nämlich von dieser in Verkehr gegeben wird; solange es noch in den Händen der Bundesbank oder der staatlichen Münzprägeanstalt ist, ist es lediglich Bargeld sozusagen im „formalen" Sinne. Ferner ist festzustellen, daß Falschgeld kein „Geld" ist — weder im formalen noch im ökonomischen Sinne.

Das immaterielle Geld (Buchgeld) ist dagegen angesichts seiner Eigenschaft als unsichtbares Gut definitionsbedürftig. Wir haben das immaterielle Geld bereits definiert als eine „täglich" fällige Forderung gegen eine Bank (Geldinstitut im weitesten Sinne) auf Bargeld. Diese Definition bedarf aber der Verfeinerung, und zwar — wie wir sehen werden — einer Einschränkung. Da es sich beim Buchgeld in jedem Fall um eine (fällige) Forderung gegen eine Bank handelt, wird nachstehend der Anschaulichkeit halber zunächst ein Schema gebracht, das alle einschlägigen Forderungen erfaßt.

„Staat" bedeutet die Gesamtheit der öffentlichen Haushalte (mit allen ihren „Kassen"). „Bank" 1, 2 und 3 sind die Geschäftsbanken, die Sparkassen und die Postgiroämter (= alle Geldinstitute außer der Bundesbank). Der Einfachheit halber sind lediglich drei „Banken" aufgeführt. Der „Nichtbankensektor (außer Staat)" sind die privaten Haushalte und Unternehmen. Bei ihm kann man die Versicherungsunternehmen und auch die Bausparkassen heraussondern, sie also vom „Nichtbankensektor (außer Staat)" trennen und als selbständigen Sektor darstellen; Versicherungsunternehmen und Bausparkassen sind eine Art Mittelding zwischen Geld- und Kredit-

Definition des immateriellen Geldes

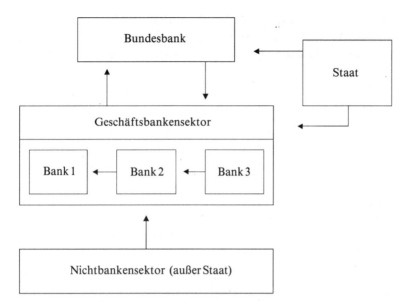

instituten und Nichtbankensektor. Eine solche Aussonderung ist interessant für manche monetären Analysen, doch für unsere Zwecke (Definition des immateriellen Geldes) nicht nötig; Forderungen gegen Versicherungsunternehmen und Bausparkassen sind kein „Geld". Die Pfeile in dem Schema bedeuten fällige Forderungen auf Bargeld. Jeder Pfeil ist gegen eine Bank gerichtet; die Bank ist also Schuldnerin der Forderung; jedem Pfeil steht gedanklich auf der Passivseite der Bilanz der Bank ein Sichtguthaben (= Giroguthaben) gegenüber, auf das sich der Pfeil = Forderung richtet.

Das Schema ist ein „Binnenschema" für die BR Deutschland. Für die anderen, also die ausländischen Staaten, lassen sich entsprechende Schemata aufstellen. Man könnte z. B. zur Veranschaulichung drei solche Schemata aufstellen (= drei Staaten). Die Sektoren jedes der drei Schemata (s. das deutsche „Binnenschema") könnten dann durch alle möglichen Querverbindungen miteinander in Kontakt gebracht werden − womit also die internationale Geldverflechtung dargestellt werden

VI. Die Entwicklung zum immateriellen Geld

könnte – wiederum symbolisiert durch Pfeile, die Buchgeld darstellen. Man könnte das Ganze noch vervollkommnen, indem man zwischen den verschiedenen Währungen differenziert: Bei einem Schema mit drei Staaten könnte man also jeweils drei Pfeile an jeder Stelle anbringen, die jede der drei beteiligten Währungen ausdrücken[58].

Geld ist – wie hervorgehoben – primär ein ökonomischer Begriff. Es ist Kaufkraft. Jede der drei im Schema durch einen Pfeil gekennzeichneten Forderungskategorien kann daher als „Geld" im ökonomischen Sinne nur dann begriffen werden, wenn mit solchen Forderungen gekauft wird. Zu jedem der einzelnen Pfeile ist mithin zu prüfen, ob die durch den Pfeil symbolisierte Forderungskategorie „Kaufkraft" ist.

Die Kaufkrafteigenschaft ist vorbehaltlos zu bejahen bei den Forderungen des „Nichtbankensektors (außer Staat)" gegen eine „Bank", also – kollektiv ausgedrückt – gegen den „Geschäftsbankensektor". Ebenso ist sie zu bejahen bei den Forderungen des „Staates" gegen den „Geschäftsbankensektor". Damit haben wir also bereits zwei Pfeile in unserem Schema in „positivem" Sinne abgehakt.

Problematisch ist, ob die Forderungen gegen die Bundesbank, also die Sichtguthaben bei der Bundesbank, „Geld" sind. In unserem Schema sind insoweit nur Forderungen des Geschäftsbankensektors und Forderungen des Staates berücksichtigt. Außerdem unterhalten allerdings einige inländische Unternehmen (meist Großfirmen) aus dem Nichtbankensektor Sichtguthaben bei der Bundesbank; das Schema hätte also eigentlich durch einen Pfeil, der direkt vom „Nichtbankensektor (außer Staat)" gegen die Bundesbank gerichtet ist, ergänzt werden

---

[58] Man könnte aus einem solchen Schema ein regelrechtes Gesellschaftsspiel entwickeln, bei dem die monetären (einschließlich der kreditären) Vorgänge durchgespielt werden – eigentlich eine löbliche Aufgabe für einen findigen Kopf; mit einem solchen Spiel könnten die monetären Vorgänge breiten Volksschichten transparent und verständlich gemacht werden.

Definition des immateriellen Geldes

müssen. Diese Sichtguthaben sind jedoch ihrem Volumen nach innerhalb der gesamten Zentralbank-Buchgeldmenge bedeutungslos; sie sind deshalb – der Einfachheit halber – im Schema nicht berücksichtigt worden. Die Gesamtheit der Sichtguthaben bei der Bundesbank bildet das „Zentralbank-Buchgeld". Man bezeichnet also die entsprechenden Forderungen als „Geld". Dieses Buchgeld bildet zusammen mit dem Bargeld das „Zentralbankgeld". Das Volumen des Zentralbank-Buchgeldes betrug Ende Februar 1989 ungefähr 103 Mrd. DM[59], das Volumen des Bargeldes (einschließlich der Kassenbestände der Kreditinstitute von rd. 13 Mrd. DM) rd. 152 Mrd. DM. Bei dem Zentralbank-Buchgeld handelt es sich zum großen Teil um die Mindestreserven der Geldinstitute, also um Pflichtreserven. Bereits unter diesem Gesichtspunkt scheiden sie – trotz ihres hohen Liquiditätsgrades – als Kaufkraft und damit als Geld im ökonomischen Sinne aus.

Die Banken unterhalten aber teilweise und manchmal über ihr Mindestreserve-Soll hinaus Überschußreserven, also freie Buchgeld-Guthaben bei der Bundesbank. Es handelt sich um bloße Spitzenbeträge, die volumenmäßig sehr wenig ins Gewicht fallen. Sie werden – durch Verrechnung – von Zeit zu Zeit bei den einzelnen Banken getilgt und dann wieder neu gebildet; manchmal hat die Bundesbank solche Überschußreserven durch Abgabe von Geldmarktpapieren zum Verschwinden gebracht.

Die Buchgeldforderungen des Staates gegen die Bundesbank, also die Sichteinlagen von öffentlichen Haushalten bei der Bundesbank – ihr Gesamtvolumen betrug Ende Februar 1989 rd. 0,9 Mrd. DM[60] – sollte man nicht als Geld im ökonomischen Sinne ansehen; denn die Pflicht des Bundes, der Länder

---

[59] Darunter ausländische Einleger mit einem Gesamtwert von rd. 26 Mrd. DM.
[60] Das Volumen schwankt stark – von Woche zu Woche. Es hat sich in den letzten 5 Jahren in einer Spanne von ungefähr 0,3 Mrd. DM bis ungefähr 16 Mrd. DM bewegt.

VI. Die Entwicklung zum immateriellen Geld

und anderer bestimmter öffentlicher Haushalte, ihre liquiden Mittel bei der Bundesbank einzulegen, hat gerade den Sinn, Kaufkraft stillzulegen. Erst wenn solche Einlagen abgezogen werden, entsteht für den betreffenden öffentlichen Haushalt „Geld", nämlich Kaufkraft.

Die Einlagen anderer inländischer Einleger (inländische Einleger, die weder Banken noch öffentliche Haushalte sind) bei der Bundesbank betrugen Ende Februar 1989 rd. 15,5 Mrd. DM[61]. Davon entfielen aber rd. 14,9 Mrd. DM allein auf die Bundespost (Postgiro- und Postsparkassenämter), also auf Geldinstitute (und damit auf „Banken" im weiteren Sinne). Der Rest von rd. 0,6 Mrd. DM fällt bei den Geldmengen, um die es hier geht, nicht ins Gewicht.

Hingegen haben die Einlagen ausländischer Einleger bei der Bundesbank ein beachtliches Volumen erreicht. Sie betrugen Ende Februar 1989 rd. 26,3 Mrd. DM. Soweit es sich um Sichteinlagen handelt[62], sind sie „Geld". Umgekehrt haben inländische Einleger ein beachtliches Geldvolumen bei ausländischen Zentralbanken stehen.

Die Bundesbank selber weist als (eigene) Sichtguthaben bei inländischen Geldinstituten in ihrer Bilanz nur Postgiroguthaben aus. Deren Volumen ist relativ gering[63]. Die Bundesbank unterhält bei jedem Postscheckamt Konten, ebenso wie die Postscheckämter Girokonten bei der Bundesbank unterhalten[64].

---

61 Das Volumen schwankt stark − von Woche zu Woche. Es hat sich in den letzten 5 Jahren in einer Spanne von ungefähr 1 Mrd. DM bis ungefähr 16 Mrd. DM bewegt.

62 In den Statistiken der Bundesbank (in ihren Monatsberichten) werden die Ausländereinlagen bei der Bundesbank nicht aufgegliedert in Sichtguthaben, Terminguthaben und Sparguthaben.

63 Es bewegt sich im allgemeinen in einer Größenordnung zwischen 0,1 und 0,2 Mrd. DM.

64 Die Guthaben der Postgiro- und Postsparkassenämter bei der Bundesbank betrugen Ende Januar 1989 rd. 10,7 Mrd. DM (Ende Dezember 1988 rd. 11,9 Mrd. DM).

Definition des immateriellen Geldes

Diese Konten dienen im wesentlichen dem Ausgleich von Überschuß und Bedarf der Kreditinstitute. Die Beträge werden zu einem großen Teil täglich verrechnet.

Besonders betrachtet werden müssen die Interbankforderungen. In unserem Schema sind sie durch die − waagerechten − Pfeile innerhalb des „Geschäftsbankensektors" (von Bank 3 zur Bank 2, von Bank 2 zur Bank 1) symbolisiert. Es ist zu unterscheiden:

a) Soweit solche Forderungen sich auf Zentralbank-Buchgeld richten, soweit letzteres also Gegenstand der Forderung ist, fehlt es an dem begrifflichen Erfordernis des immateriellen Geldes, daß eine Forderung auf Bargeld gegeben sein muß. Es handelt sich um den einen Teil des inländischen Geldmarktes, also um einen Kreditmarkt (der andere Teil besteht im Handel mit bestimmten Wertpapieren). Die Geschäftsbanken verleihen/borgen untereinander − zu Liquiditäts- bzw. Rentabilitätszwecken − Zentralbank-Buchgeld. Die Gelder werden unter den Banken auf Nostrokonten oder auf Lorokonten verrechnet.

b) Soweit Interbankforderungen auf Bargeld bestehen, sind sie „Geld". Die Bank 1 kann z.B. der Bank 2 ein Sichtguthaben (Girokonto) eröffnen mit der Abrede, daß die Bank 2 ihr Sichtguthaben jederzeit in Bargeld umwandeln kann. Die Bank 2 erlangt damit Kaufkraft, also Geld im ökonomischen Sinne. Umgekehrt kann gleichzeitig die Bank 2 der Bank 1 ein solches Sichtguthaben einräumen, und zwar z.B. in gleicher Höhe, wie sie es selber von der Bank 1 erhalten hat. So können sich z.B. Buchgelder zweier Banken von je 1 Mio. DM einander gegenüberstehen (die Konstellation erinnert etwas an Wechselreiterei). Die beiden Banken könnten an sich ihre diesbezüglichen gegenseitigen Forderungen sofort miteinander verrechnen und so zum Erlöschen bringen; auch könnte jede der beiden Banken durch einseitige Aufrechnung die beiden Forderungen zum Erlöschen bringen. Solange dies aber nicht geschieht, ist Buch-

VI. Die Entwicklung zum immateriellen Geld

geld von 2 Mio. DM vorhanden, das als Kaufkraft eingesetzt werden könnte.

Der Komplex b) hat aber mehr theoretische, weniger praktische Bedeutung. Man kann daher grundsätzlich Interbankforderungen vom Begriff des Geldes im ökonomischen Sinne ausschließen.

Zusammengefaßt läßt sich folgendes feststellen: Bargeld (dies ist – wie hervorgehoben – in der BR Deutschland das einzige gesetzliche Zahlungsmittel) ist Geld im formalen und – zumindest grundsätzlich – auch im ökonomischen Sinne (Kaufkraft). Der Kaufkraftcharakter ist uneingeschränkt zu bejahen hinsichtlich des umlaufenden Bargeldes („Bargeldumlauf"); der Begriff „umlaufend" umfaßt das gesamte in den Kassen des Nichtbankensektors gehaltene Bargeld.

Die Kassenbestände der Geldinstitute werden dagegen nicht zum „Bargeldumlauf" gerechnet, und zwar deswegen nicht, weil sie, solange sie sich in diesen Kassen befinden, für die preiswirksame Nachfrage ausscheiden. Das Mengenverhältnis (= Wertverhältnis) zwischen dem „Bargeldumlauf" und den Kassenbeständen der Geldinstitute betrug Ende Januar 1989 ungefähr 10,4:1. Bargeld bei der Bundesbank (sie bilanziert auf der Aktivseite den Wert der deutschen Scheidemünzen), bei der Münzprägeanstalt und der Bundesdruckerei, bei der die Banknoten gedruckt werden, ist – wie bereits erwähnt – „Geld" im formalen Sinne, aber nicht im ökonomischen Sinne. Zu Geld im ökonomischen Sinne werden die Geldscheine und Geldmünzen erst dann, wenn sie von der Bundesbank in Verkehr gegeben werden, also den Bundesbanksektor verlassen.

Beim immateriellen Geld ist die Definition schwieriger und komplizierter als beim Bargeld. Als immaterielles Geld sozusagen im formalen Sinne kann man jede gegen eine Bank oder gegen ein anderes Geldinstitut gerichtete „täglich" fällige Forderung auf Bargeld begreifen, also eine Forderung, die der

Definition des immateriellen Geldes

Schuldner auf Verlangen des Gläubigers in Bargeld erfüllen muß. Immaterielles Geld im ökonomischen Sinne, d.h. im Sinne von Kaufkraft, ist aber nur ein Teil des immateriellen Geldes im formalen Sinne. Es ist der Teil, mit dem gekauft werden kann — durch Übertragung des Buchgeldes, also der Forderung auf Bargeld, an ein anderes Rechtssubjekt (per Scheck, per Überweisung oder in anderer Weise, z.B. mit einer Kreditkarte). Unter diesem Gesichtspunkt sollten jedenfalls die Einlagen der öffentlichen Haushalte bei der Bundesbank (im Zentralbanksystem) vom Begriff „Geld" im ökonomischen Sinne ausgenommen werden, da sie ja — wie erwähnt — gerade eine Stillegung von Kaufkraft bedeuten.

Wir kommen damit zu folgender Definition:

Immaterielles Geld (Buchgeld) im ökonomischen Sinn, d.h. als Kaufkraft, sind „täglich fällige" Forderungen gegen eine Bank oder gegen ein anderes Geldinstitut auf Bargeld, mit Ausnahme der Pflichtreserven (Mindestreserven) der Kreditinstitute bei der Bundesbank und mit Ausnahme der Einlagen der öffentlichen Haushalte bei der Bundesbank. Diese Definition gilt, wie schon das Wort „Bundesbank" zeigt, nur für das Inland; es ist sozusagen eine binnenwirtschaftliche Definition des Geldes. Eine auch das Ausland erfassende Definition müßte durch Einbeziehung der Banken usw. des Auslandes erweitert werden.

Unter volkswirtschaftlichem Gesichtspunkt interessiert der Begriff „Geld", soweit letzteres zur preiswirksamen Nachfrage verwendet wird. Besonders auch für die Bundesbank ist dieser Begriff des Geldes wichtig, da sie ja für die Geldwertstabilität sorgen muß. Buchgeldkategorien, die lediglich der gegenseitigen Verrechnung dienen, also niemals zu einer preiswirksamen Nachfrage gelangen, sind von diesem Begriff „Geld" auszusondern. Die oben gebrachte Definition des immateriellen Geldes im ökonomischen Sinne schließt gewisse Kategorien von Buchgeld ein, die in der Praxis nicht oder kaum zum Kaufen,

VI. Die Entwicklung zum immateriellen Geld

also zur preiswirksamen Nachfrage verwendet werden. Andererseits ist zu berücksichtigen, daß es nicht zum Wesenserfordernis des Geldes im ökonomischen Sinne gehört, daß mit jeder einzelnen Geldeinheit gekauft wird; es genügt, daß damit gekauft werden kann. Doch ist es sicherlich möglich, durch Aussonderung weiterer Buchgeld-Kategorien aus der oben gebrachten Definition zu einer Ad-hoc-Definition des Geldes zu gelangen, die noch gezielter auf das Merkmal der preiswirksamen Nachfrage abstellt. Dies ist eine Spezialaufgabe, derer wir uns hier nicht annehmen wollen, da sie letztlich über unser Thema hinausgeht.

Das Volumen und die ökonomische Bedeutung des immateriellen Geldes [65]

Das Volumen der Sichtguthaben von Nichtbanken bei den inländischen Geldinstituten betrug Ende Januar 1989 rd. 276 Mrd. DM. Davon entfielen rd. 267 Mrd. DM auf inländische Gläubiger und rd. 9,55 Mrd. DM auf ausländische Gläubiger. Von den 267 Mrd. DM entfielen rd. 166,5 Mrd. DM auf „Privatpersonen", rd. 89 Mrd. DM auf „Unternehmen" und rd. 11 Mrd. DM auf die öffentlichen Haushalte.

Das Sichtguthaben-Volumen der Nichtbanken von rd. 276 Mrd. DM steht also zu dem Bargeldvolumen von rd. 152 Mrd. DM (einschließlich der Kassenbestände der Geldinstitute von rd. 13 Mrd. DM) in einem Verhältnis von ungefähr 2:1.

Die offenen (= noch nicht in Anspruch genommenen) Zusagen der Kreditinstitute an inländische Unternehmen und Privatpersonen für langfristige und mittelfristige Darlehen mit festem Betrag und fester Laufzeit betrugen Ende Januar 1989 rd. 81 Mrd. DM. Auf mindestens das Dreifache dieses Betrages be-

---

[65] Statistische Quelle: Monatsberichte der Deutschen Bundesbank.

Die ökonomische Bedeutung des immateriellen Geldes

läuft sich das Volumen der offenen Zusagen für Kredite mit wechselnder Inanspruchnahme (es handelt sich zum weitaus überwiegenden Teil um kurzfristige Kredite); über die Zusagen für solche Kredite veröffentlicht — wie erwähnt — die Bundesbank seit einiger Zeit keine Zahlen mehr.

Eine offene Kreditzusage verwandelt sich, wenn sie in Anspruch genommen wird, sofort in „Geld", und zwar in Leihgeld, d. h. in ein Darlehen, das also dem Kreditgeber später zurückzuzahlen ist. Den offenen Kreditzusagen fehlt also, im Gegensatz zu den Sichtguthaben und dem Bargeld, jede Zirkulationsfähigkeit; sie können nur einmal umgeschlagen werden. In ihrer Eigenschaft als Kreditzusage können sie also nur ein einziges Mal zur preiswirksamen Nachfrage verwendet werden. Sichtguthaben und Bargeld können dagegen von Rechtssubjekt zu Rechtssubjekt übertragen, also sozusagen von Hand zu Hand weitergereicht werden und dabei jedesmal preiswirksame Nachfrage erzeugen.

Folglich wird man das Volumen der offenen Kreditzusagen nur mit einem erheblichen quantitativen Vorbehalt als „Geld" im ökonomischen Sinne ansehen dürfen. Ein erheblicher Abschlag von diesem Volumen ist geboten, bevor man das Volumen der Kreditzusagen zu dem Sichtguthabenvolumen als stoffloses „Geld" hinzurechnet. Die Höhe des gebotenen Abschlages kann allerdings schwerlich quantifiziert werden.

Rechnet man beim Buchgeld zu dem Volumen der Sichtguthaben die unausgenutzten Kreditzusagen hinzu (in welcher Höhe auch immer), so fällt der Vergleich zwischen dem gesamten Buchgeldvolumen und dem gesamten Bargeldvolumen also noch stärker zugunsten des Buchgeldvolumens aus.

Dieses rein quantitative Verhältnis gibt aber nicht die ökonomische Bedeutung der beiden Geldkategorien im Verhältnis zueinander wieder. Mitbestimmend für diese Bedeutung ist nämlich die (preisrelevante) Umlaufgeschwindigkeit jeder der beiden Kategorien.

VI. Die Entwicklung zum immateriellen Geld

Im Jahre 1988 hat der bargeldlose Zahlungsverkehr (girale Verfügungen) der Nichtbanken in der BR Deutschland ein Volumen von 19 503,4 Mrd. DM gehabt (1960 waren es nur rd. 1284 Mrd. DM, 1970 waren es rd. 4466 Mrd. DM – der Betrag ist von Jahr zu Jahr gestiegen). Es ist die Summe des Wertes der Belastungen auf Konten von Nichtbanken aus Überweisungen, Lastschriften und Scheckverrechnungen. Zu welchem Anteil und in welchem Ausmaß dieses Gesamtvolumen der giralen Geldbewegungen von Nichtbanken preiswirksam ist, läßt sich nicht beziffern.

Im täglichen Leben wird noch immer vorzugsweise mit Bargeld gekauft, jedenfalls sofern der im Einzelfall zu zahlende Preis nicht besonders hoch ist. Eine Grenze allgemeiner Art zwischen Bargeld und Buchgeld läßt sich allerdings insoweit nicht nennen; die Gewohnheiten des täglichen Lebens entscheiden. Wahrscheinlich ist die preiswirksame Umlaufsgeschwindigkeit beim Bargeld größer als beim Buchgeld. Unter diesem Gesichtspunkt hat das Bargeld im Vergleich zum Buchgeld eine größere ökonomische Bedeutung, als sie nach dem rein numerischen (quantitativen) Vergleich zwischen den Volumen der beiden Geldaggregate indiziert ist.

Immerhin hat das Buchgeld auch als Kaufkraftmedium eine ins Gewicht fallende Wertigkeit, die man bei volkswirtschaftlichen Kalkülen nicht vernachlässigen darf. Überdies ist das Buchgeld „auf dem Vormarsch"; seine Bedeutung wächst schneller als die des Bargeldes. Dies ist zu beachten bei makroökonomischen Analysen, z. B. auch bei der Vorgabe von „Zielkorridoren" für das gewünschte und anvisierte Wachstum der Geldmenge in einer künftigen Periode durch die Bundesbank. Die Bundesbank mag hauptsächlich auf die Zentralbankgeldmenge abstellen, zumal sich deren Volumen exakt quantifizieren läßt und die Bundesbank mit ihren Instrumenten die Zentralbankgeldmenge unmittelbar beeinflussen kann. Sie sollte bei ihren Kalkülen aber auch die Giralgeldmenge (also das Aggregat M 1 minus Bargeld) nicht vernachlässigen oder etwa gänzlich außer

Die ökonomische Bedeutung des immateriellen Geldes

acht lassen, zumal M 1 unmittelbare potentielle Kaufkraft ist, während das Zentralbank-Buchgeld zum größten Teil allenfalls mittelbar — nämlich durch Vermittlung von Geschäftsbanken bzw. der öffentlichen Hand, denen es als Liquiditätsreserve dient — für die preiswirksame Nachfrage effizient ist.

Dem Volumen der nicht in Anspruch genommenen Kreditzusagen dagegen braucht die Bundesbank getrost nur am Rande Beachtung zu schenken, zumal Kreditzusagen — wie erwähnt — als Kaufkraft nicht zirkulationsfähig sind.

Mit den Interbankforderungen hat es — wie beschrieben — eine besondere Bewandtnis. Sie werden zwar in aller Regel nicht zur unmittelbaren preiswirksamen Nachfrage verwendet, sind aber ein wichtiger Faktor für die Liquidität (und auch Rentabilität) des Bankensystems.

Besondere Aufmerksamkeit ist den „Euromärkten" zu widmen, und zwar wegen des mächtigen Volumens dieser Märkte. Hinzu kommt, daß sich diese Märkte der Kontrolle und Steuerung durch die Zentralbanken entziehen und die Einlagen auch keinen Mindestreservevorschriften unterliegen.

Wir wollen zum Vergleich mit dem Volumen des „Geldes" auch noch das Volumen des „Kredits" — soweit Kreditinstitute daran beteiligt sind — betrachten. Dies geschieht am besten anhand einer „konsolidierten Bilanz des Bankensystems". Hierzu sei daran erinnert, daß die Kreditinstitute sozusagen mit der linken Hand (= Passivseite der Bilanz) Gelder hereinnehmen, um sie sozusagen mit der rechten Hand (= Aktivseite der Bilanz) wieder auszuleihen. Interessant dabei ist besonders die Zusammensetzung der Passivseite einer solchen Gesamtbilanz:

Die inländischen Kreditinstitute (einschließlich Bundesbank) haben per Ende Januar 1989 insgesamt rd. 2351 Mrd. DM Kredite an inländische Nichtbanken gewährt. Dieser Zahl standen auf der Passivseite der konsolidierten Bilanz des Bankensystems ein M 3-Volumen (minus Bargeldumlauf) von rd. 1033 Mrd. DM (267 Mrd. DM Sichteinlagen, rd. 268 Mrd. DM

VI. Die Entwicklung zum immateriellen Geld

Termineinlagen und rd. 498 Mrd. DM Spareinlagen) sowie ein „Geldkapital" inländischer Nichtbanken von rd. 1371 Mrd. DM, zusammen also ein Betrag von rd. 2404 Mrd. DM gegenüber. Wie man sieht, ist auch das Volumen der Sichteinlagen — obwohl diese Guthaben täglich abrufbar sind — zur Kreditgewährung genutzt worden[65a].

Zum Vergleich mit dem inländischen Kreditvolumen: Das Bruttosozialprodukt der BR Deutschland betrug 1988 rd. 2121,5 Mrd. DM, das Volkseinkommen rd. 1651,6 Mrd. DM.

Das Volumen der Interbankkredite (Kredit von Kreditinstitut an Kreditinstitut) betrug Ende Januar 1989 rd. 1263 Mrd. DM (davon rd. 989 Mrd. DM an inländische Kreditinstitute gewährte Kredite).

Zur Vermögensbilanz der BR Deutschland gegenüber dem Ausland:

Inländische Kreditinstitute (ohne Bundesbank) hatten Ende Januar 1989 rd. 406,5 Mrd. DM Forderungen an das Ausland. Ihnen standen Verbindlichkeiten von rd. 235 Mrd. DM gegenüber.

Inländische Unternehmen (ohne Kreditinstitute) hatten Ende 1988 rd. 222 Mrd. DM Forderungen an das Ausland. Ihnen standen rd. 186 Mrd. DM Verbindlichkeiten gegenüber.

Schließlich noch — zur weiteren Abrundung unseres Bildes im Rahmen der volkswirtschaftlichen Gesamtrechnungen — ein Blick auf die Staatsschuld:

Sie betrug Ende September 1988 rd. 889 Mrd. DM. Hauptgläubiger der Staatsschuld waren mit 526,5 Mrd. DM (Direktauslegung) die inländischen Kreditinstitute. Mit rd. 13 Mrd. DM stand der Staat bei der Bundesbank in der Kreide, mit rd. 7 Mrd. DM bei den Sozialversicherungen. Das Ausland war mit

---

65a Um ein vollständigeres und genaueres Bild zu erhalten, müßte man allerdings auch die Kreditbilanz der deutschen Kreditinstitute gegenüber dem Ausland heranziehen und in die konsolidierte Bilanz einbeziehen.

rd. 178 Mrd. DM (teilweise geschätzt) Gläubiger der deutschen öffentlichen Haushalte. Inländische Nichtbanken (außer Sozialversicherungen) waren mit rd. 164 Mrd. DM Gläubiger des Staates. Die inländischen Kreditinstitute refinanzieren sich (auch mit eigenen Titeln, z. B. Bankschuldverschreibungen) weitgehend bei privaten Haushalten und Unternehmen, besonders auch bei den Versicherungsunternehmen; mittelbar ist also ein Teil des privaten Nichtbankensektors der Geldgeber für den Staat. Diesem Teil des Volkes müssen also letztlich die Zinsen und Tilgungen gezahlt werden.

Der Weltgeist — Motor der Evolution

Die Evolution des Geldes ist ein anschauliches Beispiel dafür, daß die Geschichte ein folgerichtiger und notwendiger Prozeß ist. Er ist insgesamt kein Fortschritt zum Besseren, andererseits auch keine Entwicklung zum Schlechteren, sondern ein wertneutraler („gesellschaftlicher") Prozeß (was auch schon der Soziologe Franz Oppenheimer herausgestellt hat). Hinsichtlich des Geldes war und ist es das Programm des Weltgeistes der Geschichte, dem Geld allmählich den Stoffwert (materiellen Eigenwert) zu nehmen. Insgesamt handelt es sich um eine Entwicklung vom Konkreten zum Abstrakten, vom Wahrnehmbaren zum Vergeistigten. Eine solche Entwicklung ist — wie bereits erwähnt — typisch für das geistige Voranschreiten der Menschheit. Beim Gelde hatte es der Weltgeist hinsichtlich der ersten Stufe in der Verwirklichung seines Plans (Übergang vom Metallgeld zum Papiergeld) nicht gerade leicht, da das Metall, besonders das Edelmetall, ein weitaus begehrteres Gut als das Papier ist. Der Weltgeist griff deswegen zu wenig feinen, ja unlauteren und gemeinen Mitteln, um sein Ziel zu erreichen. Er bediente sich der Knappheit, des Mangels und der Not. Wollte er zu irgendeiner Zeit die Verwirklichung seines Plans schnell vorantreiben, waren der Krieg und eine große Inflation seine Lieblingswerkzeuge. Der Weltgeist hat es auch manchmal zu

VI. Die Entwicklung zum immateriellen Geld

Rückschlägen und Rückfällen kommen lassen; er hat sich von ihnen aber auf die Dauer nicht beirren lassen. Andererseits entfachte er manchmal – wie mit spielerischer Hand – Strohfeuer als Vorboten einer in fernerer Zukunft liegenden Entwicklung. Die Evolution ist also kein gleichförmiger, wohl aber ein insgesamt unaufhaltsamer Prozeß – ein in diesem Sinne mechanischer, gleichsam vorprogrammierter Ablauf. Langfristig erreicht der Weltgeist seine Ziele.

VII. Ausblick

Zunächst noch einmal eine kurze Zusammenfassung grundsätzlicher Feststellungen zur Geldevolution:

Das Geld unterliegt einem bestimmten geschichtlichen Entwicklungsprozeß. Er besteht aus insgesamt drei Stufen:
- I. Metallgeld
- II. Papiergeld
- III. Immaterielles Geld.

Es handelt sich also um einen Prozeß der *Dematerialisation* (Entstofflichung).

Mit der jeweils höheren Entwicklungsstufe (also II im Verhältnis zu I; III im Verhältnis zu II und I) werden die niederen Formen des Geldes nicht ausgemerzt, sondern lediglich in untergeordnete Rollen hinabgedrückt:

I – Metallgeld – in die Rolle des Kleingeldes; II – Papiergeld – in die Rolle des kleineren und mittleren Geldes, während das „ganz große" Geld immateriell ist.

Bei der I. Stufe, also beim Metallgeld, hat der Staat, besonders mit seinem Münzprägungsmonopol und auch mit seinen finanziellen Bedürfnissen, die entscheidende Rolle gespielt. Bei dem Weg zur II. und dann zur III. Stufe haben die Banken die entscheidende Rolle gespielt; daneben hat der Staat eine wichtige Bedeutung behalten.

Die Entwicklung von der Stufe I zur Stufe II wurde – insbesondere in ihrem Endstadium – durch Mangel und Knappheit vorangetrieben und schließlich vollendet: Edelmetalle (zuletzt das Gold) wurden zu knapp, um Geld in dem benötigten Umlaufs- und Zahlungsvolumen hergeben zu können.

Die jeweils höhere Stufe (also II, später dann III) ist erst dann voll erreicht, wenn das Geld in der betreffenden Form sich von

VII. Ausblick

seiner Akzessorietät zur niederen Form (bzw. zu den niederen Formen) gelöst (befreit) hat und damit eine der anderen Form (den anderen Formen) gegenüber selbständige und ebenbürtige Stellung erlangt hat, und wenn es zum gesetzlichen Zahlungsmittel geworden ist. Die Stufe II ist also bereits erreicht und voll erklommen.

Das Papiergeld war zunächst lediglich die Verbriefung einer Forderung auf Metallgeld; in dieser Eigenschaft wurde es allmählich selbst zu „Geld". Mit der (gesetzlichen) Aufhebung der Pflicht, die Papiernoten in Metallgeld einzulösen, endete dieser akzessorische Charakter; das Papiergeld wurde vom Metallgeld losgelöst und damit also als „Geld" verselbständigt. Es erlangte eine absolut ebenbürtige Stellung neben dem Metallgeld.

Die Entwicklung von der Stufe I, also vom Metallgeld, zur Stufe II, also zum Papiergeld, beruht ursächlich auf *zwei* gänzlich voneinander verschiedenen Faktoren.

Erster Faktor:

Papier ist − dem Gewichte nach − (erheblich) leichter als Metall. Es ist daher einfacher und bequemer aufzubewahren, zu transportieren und − jedenfalls dann, wenn es sich um größere Geldbeträge handelt − überhaupt körperlich zu handhaben als Metall. Leichtigkeit, Einfachheit und Bequemlichkeit beim Papier zu seiner Verwendung als Geld waren also die Vorzüge, die es vom Metallgeld zum Papiergeld haben kommen lassen. Es war also etwas − aus der Materie resultierendes − Zweckdienliches und Positives, das zum Papiergeld führte.

Dies war aber nicht der einzige Faktor, der die Entwicklung vom Metallgeld zum Papiergeld bewirkt hat. Es kam ein zweiter, und zwar seiner Art nach ganz und gar negativer Faktor hinzu, der seiner historischen Kraft und Wirkung nach mindestens ebenso gewichtig wie der „Erste Faktor" war. Sein Einfluß ist − im Gegensatz zu dem in seiner Wirkung über die Zei-

VII. Ausblick

ten hin ziemlich gleichbleibenden „Ersten Faktor" — im Laufe der Entwicklung progressiv angestiegen und hat schließlich in seiner Kraft und Macht den „Ersten Faktor" beträchtlich übertroffen.

Zweiter Faktor:

Mitursächlich für die Entwicklung zum Papiergeld war Knappheit des Materials, nämlich des Metalls im allgemeinen und der Edelmetalle Gold und Silber im besonderen. Diese Edelmetalle wurden allmählich — angesichts der kontinuierlichen und starken Ausweitung der gesamten nominalen Geldmenge in den einzelnen Staaten — zu knapp, um als Geldsubstrat verwendet zu werden. Diese Knappheit wurde regelmäßig durch Kriege und die ihnen manchmal folgenden großen Inflationen sehr verschärft, was jeweils die Entwicklung zum Papiergeld — zumindest tendenziell — beschleunigte. Materieller Mangel, Not, Krieg und Inflation waren mithin die Werkzeuge des Weltgeistes, die Entwicklung zum Papiergeld zeitweise möglichst schnell voranzutreiben und das Papiergeld schließlich sogar über das Metallgeld zu erheben. Das entscheidende historische Ereignis für den binnenwirtschaftlichen (innerstaatlichen) Übergang von der Metallgeldwirtschaft zur Papiergeldwirtschaft war — wie hervorgehoben — der Ausbruch des Ersten Weltkrieges. Anfang der 70er Jahre des 20. Jhrh. ist dann auch in internationaler Beziehung das Gold weltweit in erheblichem Ausmaß demonetisiert worden, womit das Metall als Geldsubstrat weiter an Boden verlor.

Bei der Entwicklung vom Papiergeld zum immateriellen Geld, die — wie gezeigt — noch nicht abgeschlossen, sondern in vollem Gange ist (tatsächlich steckt sie noch in den Kinderschuhen), sieht es jedoch gänzlich — und zwar in entscheidender Beziehung — anders aus als bei der Entwicklung vom Metallgeld zum Papiergeld: Papier ist im Vergleich zum Metall billig und in nahezu beliebiger Menge produzierbar und verfügbar. Beim Papier scheidet also materielle Knappheit für die Mög-

VII. Ausblick

lichkeiten der Zukunft aus. Um die Stufe III zu erklimmen, also das immaterielle Geld von seiner Abhängigkeit vom Bargeld zu lösen und eine Anerkennung dieser Form von Geld als gesetzliches Zahlungsmittel zu erzwingen, hat es der Weltgeist der Geschichte also nicht nötig, sich der Knappheit, des Mangels, der Not und des Krieges zu bedienen. Diese negativen Momente scheiden bei der Entwicklung und Fortentwicklung zum immateriellen Geld ihrer Natur nach aus. Allein der positive Faktor (er entspricht dem oben bei der Beschreibung der Entwicklung vom Metallgeld zum Papiergeld als „Erster Faktor" bezeichneten) genügt, die Evolution zum immateriellen Geld voranzutreiben, die Stufe III zu erklimmen und dann immer mehr zu vervollkommen, also das hier erkennbare Ziel des Weltgeistes zu erreichen. In der Zukunft können es technischer und rechtlicher Fortschritt allein schaffen.

Diese Erkenntnis für die Evolution des Geldes gilt ähnlich für andere Bereiche des menschlichen Lebens. Dies rechtfertigt insgesamt für die Zukunft Optimismus und Hoffnung darauf, daß das Schicksal mit der Menschheit gnädiger umgehen wird als in der Vergangenheit.

Man mag dem entgegenhalten, die einschlägigen Deduktionen seien simpel, banal und platitüdenhaft. Waren es aber in der Geschichte der Menschheit nicht immer wieder vielfach scheinbare Simpeleien, Banalitäten und Platitüden, die historisch wichtige und bisweilen sogar entscheidende Funktionen ausübten und manchmal nachhaltig das Weltgeschehen gestalteten – was man oft erst viel später erkannt und begriffen hat? Man denke nur einmal z. B. daran, aus welchen kleinen Anfängen und scheinbaren Zufälligkeiten die großen Weltreligionen entstanden sind. Oder man verfolge den Weg, der jeweils oft zu großen Entdeckungen und Erfindungen führte.

Der beschriebene Unterschied zwischen der Entwicklung im Geldwesen von der Stufe I zur Stufe II einerseits und der Entwicklung von der Stufe II zur Stufe III andererseits erscheint

VII. Ausblick

mithin sehr wichtig und bedeutsam. Nirgends ist – soweit sich übersehen läßt – dieser Unterschied bisher klar erkannt, herausgearbeitet und herausgestellt worden.

Mögen berufene Geister nach dem hiermit für das Geldwesen skizzierten Ausblick in die Zukunft den entsprechenden Perspektiven auf anderen Gebieten und Bereichen des Lebens und der Wissenschaft nachgehen mit dem Ziel festzustellen, ob auch dort ähnlicher Optimismus und Hoffnung begründet sind.

Literaturverzeichnis

Bergemann, Ernst	Gold gestern und heute. Taschenbücher für Geld, Bank und Börse. Frankfurt am Main: 1964
Conrad, J.	Leitfaden zum Studium der Nationalökonomie, 5. Aufl. Jena: 1910
Enneccerus	Lehrbuch des Bürgerlichen Rechts, Band II: Recht der Schuldverhältnisse, 12. Bearbeitung, Marburg: 1932
Hahn, Oswald	Geld- und Devisenhandel. Stuttgart: 1964
Halm, George N.	Geld, Außenhandel und Beschäftigung, 4. Aufl., Berlin: 1966
Häpke, Rudolf	Wirtschaftsgeschichte, I. Teil. Leipzig: 1928
Keynes, John M.	Allgemeine Theorie der Beschäftigung des Zinses und des Geldes, 6. Aufl. Berlin: 1983
Könneker, Wilhelm	Die Deutsche Bundesbank, 2. Aufl., Taschenbücher für Geld, Bank und Börse. Frankfurt am Main: 1973
Köser/Pfisterer	Die Notenbank. Stuttgart: 1969
Möhring, Philipp/ Nirk, Rudolf	Das Kreditwesengesetz, Taschenbücher für Geld, Bank und Börse. Frankfurt am Main: 1985
Obst/Hintner	Geld-, Bank- und Börsenwesen, 38. Aufl. Stuttgart: 1988
Rittershausen, Heinrich	Die Zentralnotenbank. Frankfurt am Main: 1962

Literaturverzeichnis

Samuelson, Paul A./ Nordhaus, William D.	Volkswirtschaftslehre, Band 1, 8. Aufl. Köln: 1984
Schacht, Hjalmar	Die Politik der Deutschen Bundesbank. München: 1973
v. Spindler/Becker/ Starke	Die Deutsche Bundesbank, 4. Aufl. Stuttgart: 1973
Veit, Otto	Währungspolitik als Kunst des Unmöglichen, 3. Aufl. Frankfurt am Main: 1969
Vilar, Pierre	Gold und Geld in der Geschichte. München: 1984
Weber, Adolf	Geld und Kredit, Banken und Börsen, 6. Aufl. Heidelberg: 1959
Widmer, Robert	Euromarkt, 2. Aufl., Taschenbücher für Geld, Bank und Börse. Frankfurt am Main: 1977
Brockhaus	Enzyklopädie, 1966-1981

Das Große Duden-Lexikon, 1964-1968

Deutsche Banken-Geschichte, Band 1, 2 und 3. Frankfurt am Main: 1982-1983

Monatsberichte der Deutschen Bundesbank

Namen- und Sachregister

Abbuchungsverfahren 118
Abgabesätze 132
Abraham 21
Abrechnungsverkehr 133;
  s. auch Clearing, Skontrieren, Verrechnung, Aufrechnung
Abschaffung des Geldes 10
Abschreibung 84
Agio 31, 100
Ägypten (altes) 22, 25, 56
Aktivgeschäft der Banken 60, 63, 129 f.
Alexander der Große 22
Alfons VI. von Kastilien 26
Amsterdamer Bank 35, 95 f., 102, 113
Amsterdamer Börse 92
Amtsdeutsch 139
Annahmezwang, Annahmeverzug 38, 74, 87, 88, 96
Antwerpener Börse 92
Araber 25, 26, 56, 91 f.
Aragon 26
Arbeitslosigkeit 73, 80, 136; s. auch Vollbeschäftigung
Arbeits- und Sozialrecht 55
Assignaten 66 f.
Aufdrängbares Geld 74, 88, 116
Aufrechnung 167; s. auch Verrechnung, Clearing, Skontrieren, Abrechnungsverkehr
Auftragspapiere 111
August der Starke 98
Ausland (Vermögensbilanz der BRD mit dem –) 174

Ausländer-Einlagen bei der Bundesbank 134, 165, 166
Ausländerkonvertibilität 78
Ausländische Korrespondenzbanken 141
Auslandskapital 131
Auslandsservice der deutschen Banken 140 f.
Außenwirtschaft, Außenhandel 140 f.
Außenwirtschaftsgesetz (AWG) 141
Außenwirtschaftsverordnung (AWV) 141
Automatisierung des Zahlungsverkehrs 111 f.

Banco di Depositi (von Leipzig) 98
Bank deutscher Länder 108
Bank für Internationalen Zahlungsausgleich (BIZ) 78, 146, 147
Bank of England 62, 64 f., 67 f., 70, 73, 75, 97, 103, 119
Bank of Scotland 65
Bank von Frankreich, Banque de France 45, 68 f., 74
Bankiers, Bankgeschäfte, Bankwesen (allgemein) 53 f., 57, 60, 61, 63, 64, 65 f., 92 f., 103, 105, 124, 140 f., 173
Banking-Theorie 137
Bankleitzahl 111
Banknoten 11, 42, 44, 60 f., 64 ff., 68 ff., 74 f., 86 ff.,

Namen- und Sachregister

102, 127, 168; s. auch Reichsbanknoten
Banknotenemission; s. Notenmission
Banknotenumlauf; s. Notenumlauf
Bankschuldverschreibungen 175
Bankwährungen (Bankvaluten) 95 ff., 98 ff., 102
Bardepotgesetz 141
Bargeld 10, 11, 88, 120, 127 f., 132, 151 f., 154 f., 157 f., 161, 162, 163, 165, 167 f., 169, 171, 172
Bargeldloser Zahlungsverkehr 44, 55, 59, 67 f., 90 ff., 102 ff., 105, 109 ff., 113 ff., 117 f., 172; s. auch Giroverkehr
Bargeldmonopol der Bundesbank 123, 127 f.
Bar(geld)reserve der Geldinstitute; s. Kassenbestände der Geldinstitute
Bargeldvolumen, Bargeldumlauf 88 f., 168
Bausparkassen 162
Belgien 81
Berliner Kassenverein 103
Besant 25, 26
Bethmann, Johann Philipp Freiherr von 101
Big Bang 139
Bilanzen, Bilanzierung (in der BRD) 84 f.
Bildschirm, -verfahren 10, 112
Billiggeldpolitik 80
Bimetallismus; s. Doppelwährung

Bismarck 44
Bland-Bill 43
Blankokredite 96 f.
Blechgeld 34
Böhmen 27, 28, 31
Bolivien 39
Börse 156
Brasilianische Goldfelder 35
Brasilien 29, 148
Bremen 36, 40
Bretton Woods 76 f.
Briefmarken als Geld 19
Brügge 91, 92
Brüning'sche Notmaßnahmen 107
Bruttosozialprodukt (der BRD) 174
Buchgeld 7, 79, 91, 95, 102, 114, 116, 124, 140, 154, 155, 157, 161, 162, 165, 169, 170, 171, 172 f.; s. auch immaterielles Geld, Giralgeld
Buchgeldschöpfung 123 ff., 130; s. auch Geldschöpfung
Buchgold 77
Buchung (Begriff) 157
Bund (i. S. der BRD) 128, 130, 133, 165
Bundesbank 11, 52, 80, 83, 84, 87 ff., 104, 108, 111, 120, 121, 123, 124, 126 ff., 147, 154, 159, 161 ff., 168, 169, 172
– Aktivgeschäfte der – im einzelnen 129 f.
– als Gegenhalterin zu den Marktkräften 129, 137
– Bilanz, Bilanzierung der 84 f., 168
– Instrumentarium der 128 ff.

Namen- und Sachregister

- Jedermanngeschäfte der 129
- Monatsberichte der 135, 139, 166, 170
- Statistiken der 88, 135
- Unabhängigkeit der – vom Staat 128
- Wochenausweis der 88, 135

Bundesbankgesetz 11, 87, 127, 129, 130, 133
Bundesminister der Finanzen 128
Bundesminister für Wirtschaft 128
Bürokratie, Entbürokratisieren 139
Byzanz 25

Cantillon, Richard 65
Cäsar 23
Certificates of Deposit (CD's) 145
China (altes) 21, 25, 53, 56
Chip-Karten, Chip-Karten-Geld 10 f.
Clearing 58, 78, 79, 91, 92, 93, 104, 112, 116; s. auch Skontrieren, Aufrechnung, Verrechnung, Abrechnungsverkehr
Commercial papers 70
Commerzbank 110
Computergeld 11
Computerspeichern 112
Currency and Banknotes Bill 73
Currency-Theorie 137

Darlehen 59 ff., 150, 152 ff., 157, 158, 160, 171

Darlehensgeschäft 55, 57, 59 ff., 63, 92 f., 96 f., 100
Darlehensversprechen 153, 157
Darwin, Charles G. 7
Datenverarbeitung 111 f., 117, 118
Daueraufträge 110, 112, 117
Deckungsvorschriften 61, 67, 68, 69, 70 f., 72 f., 74, 102, 103, 136
Deflation 73, 120, 136
Delestre, Hugues 101
Dematerialisation des Geldes; s. Entstofflichung
Demonetisierung des Goldes 80 ff., 85, 179
Denar 22, 26
Depositen, -geschäft 55, 59, 93, 94, 112, 119, 154
Depositenbanken 67 f., 100
Depot 61
Depotquittung, Depotschein, Depositenschein 55, 61 ff., 98
Deregulieren 139
Deutsche Bank 110
Deutsche Bundesbank; s. Bundesbank
Deutsche Mark 77, 80, 83, 86 ff., 121, 123, 127, 130, 131, 133, 134, 135, 137
Deutscher Zollverein 40 f.
Deutsch-Österreichischer Münzverein 41
Devisen 78, 79, 82, 83, 123, 130, 132, 134, 140, 145
Devisenpolitik 137
Devisen-Swaps; s. Swap-Geschäfte
Devisenzwangsmaßnahmen 81, 140

187

Namen- und Sachregister

Dinar 25, 26
Diokletian 23
Dirhem 25
Diskontieren, Diskontgeschäft
 60, 95, 100, 103, 123, 130,
 151
Diskontpolitik 44, 70, 132,
 137
Diskontsatz 70, 121, 132, 137
Dobla 30
Dollar 28, 38, 43, 50f., 75,
 77, 78, 79, 80f., 83, 85, 131,
 134, 136, 137, 141, 142f.,
 145f., 147
Dollarschwemme 80f., 143
Dollarvolatilität 83
Doppelte Buchführung 92
Doppelwährung 26, 28, 35f.,
 38, 39, 41f., 43f.
Dreißigjähriger Krieg 33f.
Dresdener Münzkonvention 41
Dresdner Bank 106, 110
Dritte Welt; s. Entwicklungsländer
Dukaten 26, 27, 32, 35, 37, 39

Earl of Liverpool; s. Jenkins,
 Charles
Ecu 32
ECU 32, 138, 141
Edelmetalle 18, 20, 27, 35, 36,
 45, 50, 71, 74, 82, 96, 102,
 139, 175, 179
Eigenwert (Stoffwert) des Geldes 14, 59, 87, 90, 175
Einlagen 58, 60, 124, 125, 129,
 133, 134, 147, 154, 166, 169,
 173
Einlagenpolitik 137
Einziehungsaufträge 109, 111

Einzugsermächtigungsverfahren
 118
Eldorado 30
England 26, 30, 35, 36, 37,
 38, 39, 43, 57, 61ff., 64f.,
 67f., 73, 75, 79, 103, 113,
 115, 118, 119, 138, 139, 142,
 143
Entgoldung (des innerdeutschen
 Zahlungsverkehrs) 45
Entstofflichung (Dematerialisation) des Geldes 8, 54, 59,
 85, 175, 177
Entwicklungsländer (ihre Auslandsverschuldung) 148ff.
Erdöl (Finanzierung der Förderung und des Imports;
 Preis) 145, 148
Erratische Fluktuationen 137
Erster Weltkrieg 38, 42, 44f.,
 69, 72, 73, 75, 76, 78, 105,
 136, 140, 179
Eurodollarmarkt 80
Eurogeldmarkt 144
Eurokapitalmarkt 144
Eurokarte 110
Euromarkt 78, 80, 83, 135,
 142ff., 173
Europäische Gemeinschaft
 (EG) 84, 141
Europäische Währung 135
Europäische Wirtschaftsgemeinschaft (EWG) 78, 81
Europäische Wirtschafts- und
 Währungsunion 78, 135
Europäische Zahlungsunion
 (EZU) 78f.
Europäischer Fonds (EF) 79
Europäisches Währungsabkommen (EWA) 79

Namen- und Sachregister

Europäisches Währungssystem (EWS) 32, 83, 134, 135, 141
Euroschecks 110, 112, 115

Fakturierung des deutschen Außenhandels in DM 83
Falschgeld 162
Fechner, G. Th. 12
Federal Reserve Board 70f., 143
Federal Reserve System 70f., 76
Fedi di credito 64
Feinsteuerung 132, 136f.
Festgeld 152
Finanzkapitalismus 156
Finanz(markt)innovationen 138f.
Finnland 76
Fiskus 21, 133; s. auch Staat
Floaten, Floating 80
Florenz 26, 37, 57
Florin 26, 35, 37
Fort Knox, Kentucky 52, 82
Franken (als Währungseinheit) 41f.
Frankfurt a.M. 28
Fränkischer Münzverein 27
Frankreich 26f., 31, 32, 36, 37, 41f., 44, 45, 57, 65, 66f., 68f., 73, 74, 79, 81, 92, 120
Fremdkapital 156
Freytag, Gustav 33
Friedrich der Große 37, 99
Friedrichsd'or 98
Fristentransformation 145, 156
Fungible Sachen; s. vertretbare Sachen

Gattungsschuld 59
Gedenkmünzen, Sammlermünzen 43, 86f.

Geld (Begriff, Definition, Funktion) 13, 14, 15, 62f., 90f., 151f., 157ff., 160f., 162ff., 171
Geldarten, Geldformen 7ff., 13
Geldautomaten 112
Gelddepots 58f., 91
Geldentwertung 126, 127, 135f.
Geldexport/import 121
Geldkapital 155, 174
Geldmarkt, -papiere 106, 122, 132, 133, 140, 141f., 156, 165, 167
Geldmengenziel 133, 172
Geldpolitik 136, 137
Geldschöpfung (Geldschaffung) 61, 93, 106f., 120, 129, 130, 154; s. auch Buchgeldschöpfung
Geldschöpfungspotential der Geschäftsbanken 125, 130, 144f.
Geldsurrogate 19
Geldtransport 58, 62, 90
Geld- und Kreditaggregate 135
Geldvernichtung 126, 131
Geldvolumen, Geldumlauf 125f., 131, 137
Geldwechselgeschäft 58, 91, 92, 95
Geldwert, -stabilität 80, 127, 128, 135, 139, 169
Gemeinden 128, 133
General Arrangement to Borrow 77
Genossenschaftsbanken 109; s. auch Kreditgenossenschaften

189

Genua, Genuesen 31, 57, 64, 94
Germanen 23, 24, 25, 57
Gesetzliche Zahlungsmittel 11 f., 45, 64 f., 70, 74 f., 87, 88, 114, 127, 128, 168; s. auch valutarisches Geld
Giralgeld 73, 129; s. auch Buchgeld, immaterielles Geld
Giralgeldschöpfung; s. Buchgeldschöpfung
Giralgeldvolumen 131, 172
Girogebühren 99, 103
Girogeschäft, Giroverkehr 55, 58 f., 92 ff., 96, 97 ff., 102 ff., 113, 114, 133, 141, 152, 154, 158
Giro- und Lehnbanco zu Breslau 99 f.
Giroverbände, Girozentralen 105 ff., 108, 109
Goethe, Johann Wolfgang von 12, 15, 29
Gold (allgemein) 18, 20, 29 ff., 56, 71, 74, 75, 79, 80, 81, 82 ff., 100
- als internationales Zahlungsmittel 45, 71, 75 ff., 81 f., 83, 84 f., 139 f.
- als Recheneinheit u. Verrechnungseinheit 26, 75, 82
- als Währungsmetall 23, 35, 36, 38 f., 77, 79
- als Wertmaßstab 26, 71, 77, 82, 85
- -angebot 48 f.
- -automatismus 71
- -barren 22, 49, 52, 74, 76
- -deckung 44, 70 f., 72 f., 74, 76, 83, 136

- -devisenwährung, -devisenstandard 77, 136
- -einlösung, -einlösungspflicht 44, 70, 71, 74, 75, 76, 79, 80, 81 f., 83
- -fonds 77
- -gewinnung, -förderung, -produktion 24, 25, 28, 30, 31, 35, 39, 45 ff., 84
- -handel (internationaler) 142
- -horte 25, 74
- -kernwährung 76 f.
- -münzen 21 ff., 24, 25, 26, 27, 37 f., 42, 43, 49
- -nachfrage 49
- -paritäten; s. Paritäten
- -preis 50 f., 77
- -punkte 71
- -recycling 49
- -reserven 52, 68 ff., 73, 75 ff., 77, 78, 79 f., 82 ff., 134, 136
- -umlaufwährung 44
- -verkäufe der Zentralbanken 49, 84
- -verwendung, -verarbeitung 48 f.
- -währung 39, 41 ff., 45, 49, 71 f., 73, 74, 75, 76
- -wert, -bewertung 84; s. auch Wertverhältnis zwischen Gold und Silber
Gold Reserve Act 76
Goldene Bankregel 156
Goldküste (Ghana) 30
Goldsurrogat 62
Gresham'sches Gesetz 23, 36
Griechenland (antikes) 17 f., 21, 22, 55

Namen- und Sachregister

Groschen 29, 98, 99
Großbanken (deutsche) 110
Großbritannien; s. England
Grundgesetz 127
Guinea (engl. Goldmünze) 38
Gulden 27, 28f., 31f., 34f., 37, 40f., 42
Gulden Banco 96
Guldengroschen 27, 29
Guldentaler 32
Gyges von Lydien 21

Habenzinsen 60
Hamburg 39, 40, 57
Hamburger Girobank 96f., 100f., 102
Hamburger Sparkasse 101, 104
Hamilton, Alexander 38
Hammurabi, König von Babylon 21, 54f.
Handelsmünzen 36f.
Hanse 27
Hartgeld 61
Haushalte, öffentliche; s. Staat
Heckenmünzen, Heckmünzen 33
Hedging 145
Hegel, G. W. F. 12
Heinrich III. von Frankreich 32
Hellenistische Könige 22
Herder, J. G. von 12
Hinkende Goldwährung 41, 42
Hongkong 146
Horten 18

IDA 148
Immaterielles Geld 7, 10, 11, 12, 54, 82, 90ff., 102ff., 112, 115f., 125, 151, 162ff., 167, 169f., 170ff., 179f.; s. auch Buchgeld, Giralgeld
Indexklauseln, Indexierungsverbot 138
Indien 21, 25, 29, 38
Industrielle Revolution 113
Inflation 18f., 66f., 73, 80, 131, 133f., 139, 176, 179
Inhaberklausel 93
Inhaberpapiere 60
Inkassopapiere 111
Interbankbeziehungen 93, 163, 167f., 173, 174
Internationaler Währungsfonds (IWF) 77, 79, 82, 83
Internationaler Zahlungsverkehr 36f., 93, 134, 139ff., 156
Internationales Finanzkapital 144, 148
Interventionen der Zentralbanken am Markt, Interventionspflicht 79, 80, 81, 83, 134
Investitionen 148
Italien 26, 30, 31, 57, 58, 64, 91, 92, 93, 101, 112

James II. von England 64, 67
Japan 39, 44, 56, 135, 143
Jenkins, Charles (späterer Earl of Liverpool) 38, 39

Kaiser Wilhelm II. 72
Kalif Abd-el-Malik 25
Kanaan 21
Kanonisches Zinsverbot 57
Kapitalismus 54
Kapitalmarkt, Kapitalexport/import 44, 140, 143, 156
Kapitalmarktzins 136

191

Namen- und Sachregister

Karl der Große 24, 57
Karolinger 28
Karolingische Münzreform 24
Kassenbestände der Geldinstitute 88, 122, 123, 124 f., 154, 165, 168
Kassenkredite 130, 133
Kauf, Kaufen 13, 14, 91, 102 f., 152 f., 155, 157 f., 169 f.
Kaufkraft 11, 14, 72, 125, 127, 129, 133, 139, 144, 155, 157, 161, 162, 164, 165, 166, 167, 169 f., 171 ff.
Kawertschen 57
Keynes, John Maynard 72, 77, 80, 84, 119, 120
Kipper und Wipper 33, 34
Klappmützentaler 29
Kleinasien 22, 25
Kleingeld 22, 23, 25, 27, 33, 38, 45, 85 ff.
Knapp, Georg Friedrich („Fritz") 21
Köln 37, 57
Kölnische Mark 28, 37, 40, 41, 96
Kolumbien 31, 35
Königliche Giro- und Lehn-Banco 66, 98 ff., 102, 103
Konstantin der Große 23
Konstatieren der Marktentwicklung durch die Zentralbank 136, 137
Kontoführung 58, 59, 91, 92, 95, 160
Kontoüberziehung 94, 95, 97, 110, 160 f.
Konventionsgeld 37
Konvertierbarkeit, Konvertibilität 78, 141, 143

Konzertierte Aktionen 128
Korea 56; s. auch Südkorea
Korrespondenzbanken (ausländische) 141
Kredit (Begriff, Abgrenzung von „Geld") 93, 150 ff.
Kreditbriefe 55
Kreditgenossenschaften 103, 104, 106, 108, 109, 110, 117
Kreditgewährung 60 f., 63, 77, 95, 110, 120, 124, 125, 130, 131, 133 f., 173 ff.
Kreditkarte 10, 118
Kreditmarkt 144, 156, 167
Kreditpapiere, Kredittitel 123, 126, 131, 132, 151
Kreditschöpfung durch die Banken 125 f., 129, 130
Kreditvolumen 125 f., 173 ff.
Kreditwesengesetz (KWG) 107, 119, 150
Kreditzusagen 124, 131, 153, 154, 157 ff., 170 f., 173
Kreuzer (Geldmünze) 28, 32, 35, 37
Kreuzfahrer 26
Kriegsanleihen 72
Kriegskosten 64, 72, 73, 76
Kriegsschatz (der Reichsbank usw.) 45
Kündigungsgeld 152
Kupfergeld 22, 25, 31, 33, 42, 43
Kurantgeld 35, 41, 44, 76, 96, 98, 100, 101
Kurspflege der Staatstitel 136 f.
Kurssicherungsgeschäfte 141 f.

Länder (der BRD) 128, 133, 165

Landesbanken 107, 133
Landeszentralbanken 104, 111
„Landschaften", preußische 101
Langfristiger Kredit 77, 134, 144, 156, 157
Lastschriftverfahren 110, 111, 112, 117f., 133
Lateinische Münzunion 36, 41f.
Law, John 65
Legal tender 75
Legierungen 24, 87
Leipziger Münzfuß 34, 36
Leitwährung 78, 79, 143
Lender of last resort 129, 146
LIBOR 145
Liquidität der Banken 120, 130, 131, 132, 146, 165, 167, 173
Liquiditätsreserven 107, 119, 173
Lombard, Lombardieren 57f., 96, 100, 103, 123, 130, 136, 151
Lombardei 57
Lombarden 57ff., 91f.
Lombardpolitik 132, 137
Lombardsatz 121, 132
London, Londoner City 57, 62, 64, 67, 91, 92, 142, 145, 146, 147
Londoner Goldschmiede 61ff., 64, 67, 125
Lorokonten 167
Lübeck 27, 40
Luxemburg 142, 147
Lyder- und Perserreich 21
Lyon 92

M1, M2, M3, M0 154f., 172f., 174
MacLeod, H. D. 23
Magisches Dreieck (u. Viereck) 136
Mancus 26
Manövriermasse 79, 83, 136
Marco Polo 53
Mark; s. Reichsmark bzw. Deutsche Mark
Mark Banco 96, 101
Marokko 30
Marokkokrisen 44
Marshall-Plan 78
Marx, Karl (seine Nomenklatur W-W und W-G-W) 13, 14
Menes von Ägypten 22
Mengentender 131
Metallegierungen; s. Legierungen
Metallgeld 7, 16, 18, 20ff., 36, 38, 45, 58, 61, 85ff., 95f., 125
Metallgeldvolumen 88f.
Mexiko 31, 148
Mindestreserven 119ff., 124, 125, 129, 130, 136, 143, 147, 155, 165, 169, 173
- Berechnungsgrundlage 120
- Progressionsstufen 121f.
- Staffelung der Sätze 121
- Unverzinslichkeit 120
Mindestreservenpolitik 131, 137
Moral suasion 119
Moslemische Eroberungszüge 25, 56f.
Mündelsicherheitsbestimmungen 105

193

Namen- und Sachregister

Münzen (allgemein) 18, 20 ff., 37 f., 49, 74, 85 ff., 91, 127; s. auch Goldmünzen, Silbermünzen
Münzerhausgenossen 58
Münzregal, Münzprägerecht, Münzprivileg 22, 32, 87, 127
Münzumlauf 44, 127
– pro Kopf 43, 88
Münzverein der vier rheinischen Kurfürsten 27
Münzwesen 20 f., 31 f., 33 f., 36 f., 40 f., 42, 43, 58, 87 ff., 94, 95 f., 97 f., 102, 168
Münzwirrwarr 58, 100, 102

Napoleonische Kriege 39, 40, 67, 94, 100
Naturaliengelder 19
Near money 155, 158, 161
Nebenformen des Geldes 18 f.
Nennwertebene, internationale 141
New York (Börse, Finanzplatz) 146
Nickelmünzen 42, 43
Niederlande 30, 32, 35, 37, 39, 57, 95, 112, 135
Niederstwertprinzip 84
Nominalwert (Nennwert) 23, 27, 33, 36, 38, 66, 76, 85, 87
Nostrokonten 167
Notenbanken 44, 65 ff., 68 ff.; s. auch Zentralbank
Notenemission 61, 64 ff., 70 f., 73, 74, 87, 100
Notenpresse 134
Notensteuer 70, 71
Notenumlauf, Notenvolumen 45, 73, 74, 84, 102, 113

Nürnberger Bank (Banco Publico) 97 f.
Nutzgeld 18

Offenmarktgeschäfte, Offenmarktpolitik 130, 131, 132, 136 f.
Öffentliche Haushalte, öffentliche Hand; s. Staat
Off-shore-Zentren 146
Oppenheimer, Franz 175
Orderpapiere 114
Orient 25
Ostblockstaaten 142, 145
Österreich 27, 32, 37, 39, 41, 43, 44, 97, 105, 135
Ostindische Gesellschaft 35

Papier 53, 56 f., 62 f., 90
Papiergeld, -währung, -wirtschaft 7, 10, 11, 43, 53, 54, 57, 60 f., 62 f., 65 ff., 69 f., 71 ff., 74 f., 86 ff., 102, 103, 125, 140, 177 ff.
Papiergeldvolumen, Papiergeldumlauf 71 f., 74, 88 f., 102
Paritäten 76 f., 80, 83, 100, 121
Passivgeschäft der Banken 60, 63
Peel'sche Bankakte 65, 67, 68, 69, 103, 113
Pensionsgeschäfte
– über Devisen 130
– über Wertpapiere 121, 130, 131, 132
Perser 21
Peru 31
Pfennige 24, 29, 37, 42, 86
Pflichtreserven; s. Mindestreserven

Namen- und Sachregister

Pfund Banco 98 f., 100, 101
Pheidon, König von Argos 22
Phönizier 21, 22
Pizarro 30
Plastikkarten, Plastikgeld 10
Platin, Platingeld 39 f.
Point-of-Sale-Terminals 112
Polen 37
Politik und Politiker (allgemein) 137 f.
Portugal 28, 30, 35, 56
Portugiesische Entdeckungs- und Eroberungsfahrten 29 f.
Post 109 f., 166
Postscheckverkehr (Postgiroverkehr) 106 f., 109 f., 116, 166 f.
Postsparkassen 107, 166
Potentielles Zentralbankgeld 131
Prägekosten, Prägegebühr 33, 87
Preisstabilität 127
Preiswirksame Nachfrage 89, 91, 116, 158, 168, 169, 170, 171, 173
Preußische Bank 69
Preußische Seehandlung 100
Privatbankiers 67, 101
Produktions- und Arbeitsteilung 13
Promissory notes 62
Protektionismus 148

Quantitätstheorie 72
Quasiautomatische Ziehungsrechte (auf die Zentralbank) 131

Raiffeisen 106, 108, 109
Realkapital 126

Rediskont-Kontingente 121, 123, 131
Refinanzierung 129, 145
Regulation Q 143
Reichsbank 44, 45, 66, 69 f., 74, 101, 103, 104, 107, 108, 128 f., 133, 136
Reichsbankgesetz 45, 69, 70
Reichsbanknoten 45, 70, 74; s. auch Banknoten
Reichsguldiner 32
Reichskassenscheine 70
Reichsmark 42
Reichsmünzordnungen 31, 32, 33, 34, 96
Reiners, Ludwig 139
Reiseschecks 116
Remonetisierung des Goldes und/oder des Silbers 79, 82
Rentabilität 120, 167, 173
Reparationszahlungen 78
Ricardo 80
Rohstoffpreise 148
Roll-over-Kredit 145
Rom, Römer, Römisches Reich 18, 22 ff., 25, 37, 55
Römisches Recht 8 f., 59
Rücknahmesätze 132
Rueff, Jacques 79
Run 120, 134
Rupie 38
Russisch-Japanischer Krieg 44
Rußland 39 f., 44, 45, 47; s. auch Sowjetunion

Sammelverwahrung 59
Scheck 91, 92, 93, 107, 110, 111, 112 ff.

195

Namen- und Sachregister

Scheckeinzugsverfahren 111, 133
Scheckgesetz 107, 113
Scheckverkehr 104, 105, 160
Scheidemünzen 23, 31, 32, 42, 85, 87f., 168
Schlick, Graf von 29
Schopenhauer, Arthur 12, 87
Schuldbuchforderungen 134
Schuldenerlaß für die Entwicklungsländer 149
Schuldscheindarlehen 134
Schuldverschreibung 91; s. auch Bankschuldverschreibungen
Schulze-Delitzsch 106, 108
Schweden 32
Schweiz 52, 135, 143
Sekundärmärkte 139, 145
Sherman-Bill 43
Sichteinlagen, Sichtguthaben 109, 123, 124f., 130, 132, 152, 154, 155, 160, 163, 165, 166, 167, 174
Sigismund, Erzherzog von Tirol 28
Silberdinar 25
Silbergeld, Silbermünzen, Silberwährung 18, 20, 21, 22f., 24f., 27, 32, 33, 35f., 38, 39, 40, 42, 43, 96
Silbergewinnung, -förderung, -produktion 22, 27, 31, 39, 46, 48ff.
Silberwert, Silberpreis 49ff.; s. auch Wertverhältnis zwischen Gold und Silber
Singapur 146
Skandinavien 32, 36, 37, 39

Skontrieren 58, 91; s. auch Clearing, Aufrechnung, Verrechnung, Abrechnungsverkehr
Smith, Adam 80
Solidus 23f., 25
Sollzinsen 60
Sonderlombard 132
Sonderziehungsrechte (SZR) beim IWF 77, 85
Sowjetunion 40, 47, 48, 49, 76, 84, 142
Spanien 26, 28, 30f., 56
Spanische Entdeckungs- und Eroberungsfahrten 30f.
Spareinlagen, Sparguthaben 152, 154f., 174
Sparen 14, 60
Sparkassen 101, 103ff., 107ff., 110, 113, 117
Staat, öffentliche Haushalte 128, 130, 132, 133f., 154, 162, 164, 165f., 169; s. auch Fiskus
Staatlichkeit des Geldwesens, Staatliche Theorie des Geldes 18, 20f., 22, 36
Staatsbanken 65
Staatsbanken der Bundesländer 133
Staatsnoten 44
Staatsschuld der BRD 174f.
Staatstitel 136f.
Stalin, J. W. 10
Steuern 84
Steueroasen 146
Steuerung der Marktentwicklung durch die Zentralbank 136, 137
Stille Reserven 84

Namen- und Sachregister

Stockholmer Bank 64
Stoffwert des Geldes; s. Eigenwert
Strafzins 95, 97
Südafrika 40, 46, 48, 49, 84
Südkorea 149
Swap-Geschäfte, Swap-Abkommen (der Zentralbanken) 77, 121, 132, 141 f.

Tägliche Fälligkeit 7, 11, 61, 74, 113, 126, 151 f., 155, 157, 161, 162, 168, 169
Taler 28 f., 32, 33, 34 f., 37, 40 f., 42, 43, 96, 98, 100
Tausch, Tauschwirtschaft 13, 17, 18, 21
Tenderverfahren 131
Termineinlagen, Terminguthaben 145, 152 f., 154, 155, 174
Territorialmandate 66
Thesaurierung 18, 54, 76
Tokio (Börse, Finanzplatz) 146
Trapeziten 21

Überkompensierende Faktoren 120
Überschußguthaben, Überschußreserven 122, 165
Überweisung, Überweisungsverkehr 92, 97, 105, 107, 109, 110, 116 f.
Überziehung; s. Kontoüberziehung
Umlaufgeschwindigkeit des Geldes 72, 89, 137, 171
Ungarn 26, 31, 32
Ungleichgewicht (auf Deflationsebene) 120

USA; s. Vereinigte Staaten von Amerika

Valutarisches Geld, Währungsgeld 10, 18 f., 86 ff.; s. auch gesetzliche Zahlungsmittel
Venedig 26, 37, 57, 92, 94, 95
Vereinigte Staaten von Amerika 38, 39, 43 f., 50 ff., 70 f., 72, 73, 75 f., 78, 79, 80 f., 82, 118, 119, 138, 142 f., 144, 145, 147
Vergeistigung der Begriffe 8 ff.
Verrechnung(s) 58, 91, 102, 140, 141, 165, 167, 169
– beziehungen 111
– ebene 111
– einheit 35, 75, 78, 95, 96, 99 f.; s. auch Skontrieren, Clearing, Aufrechnung, Abrechnungsverkehr
Verschuldung der Entwicklungsländer; s. Entwicklungsländer
Versicherungsunternehmen 162, 175
Vertretbare Sachen 59, 153 f.
Verwahrung (professionelle) von Geld und Gold 58, 61 ff.
Verwahrungsvertrag, unregelmäßiger (BGB § 700) 151 f.
Volksbanken 106, 108, 109
Volkseinkommen (der BRD) 174
Volkswirtschaftstheorien (allgemein) 120
Vollbeschäftigung 77, 136; s. auch Arbeitslosigkeit

Wägegeld 20, 23
Währungsgesetz 138

197

Währungspolitik 77, 131, 137
Währungsreform von
  1948 108, 119
Währungsreserven 69, 78, 82, 134; s. auch Goldreserven
Währungsstabilität; s. Geldwert
Währungsturbulenzen 134, 137
Warengeld 18, 19
Warenkorb 83
Wechsel 94, 95, 96, 98, 100, 115, 123, 130, 136, 151
Wechselkurse 77, 79, 80f., 83, 127, 131, 134, 135, 136, 141, 143; s. auch Paritäten
Weltbank 77, 148
Weltgeist 12, 56, 59, 90, 140, 175f., 179, 180
Weltwährung 85
Weltwährungssystem 76, 79
Weltwirtschaftskrise
  1929–1932/1933 120, 140
Weltzentralbank 78, 85
Wendischer Münzverein 29
Wertpapiere 114, 130, 167
Wertpapierpensionsgeschäfte;
  s. Pensionsgeschäfte
Wertverhältnis zwischen Gold und Silber 22, 23, 24, 25, 27, 28, 30, 31f., 38, 39, 41f., 49ff.
Wertverhältnis zwischen Papiergeldvolumen und Metallgeldvolumen in der BRD 11, 88f.
Wiener Hofkammer 98
Wiener Stadtbank 98
William III. von England 64, 67
Wirksame Nachfrage 72

Young-Plan 78

Zählgeld 23
Zahlungsbilanz 78, 83, 134
Zahlungsbilanzdefizit 78
– der USA 81, 143, 144, 147
Zeichengeld 88
Zentralbank, Zentralnotenbank 49, 65, 68ff., 77, 79, 81, 82, 84, 102f., 108, 119, 126, 128, 132, 134, 136, 137, 145, 146, 147, 166, 173
Zentralbank-Buchgeld 122, 130, 131, 155, 165, 167, 173
Zentralbankgeld 123, 125, 129, 130, 131, 155, 165
Zentralbankgeldvolumen 131, 132, 172
Zentralverband des deutschen Bank- und Bankiergewerbes 44f.
Zettelbankwesen 65
Zigarettenwährung 19
Zinnaischer Münzfuß 34
Zins, Zinssatz 14, 57, 58, 60, 123, 131, 145, 148, 156, 175
Zinsspanne 60
Zinstender 131
Zirkulationsunfähigkeit von Kreditzusagen 171, 173
Zölle 76
Zürich 142
Zweiter Weltkrieg 19, 75, 104, 119, 140
Zwischengut 13f.
Zyklische Ausschläge der Umlaufsgeschwindigkeit des Geldes 137